Entre en...
los poderes secretos
del espiritismo

Thomas Rilk

Entre en…
los poderes secretos
del espiritismo

*Mundo invisible
y poder de los espíritus,
técnicas de comunicación con el más allá,
mediumnidad*

A pesar de haber puesto el máximo cuidado en la redacción de esta obra, el autor o el editor no pueden en modo alguno responsabilizarse por las informaciones (fórmulas, recetas, técnicas, etc.) vertidas en el texto. Se aconseja, en el caso de problemas específicos —a menudo únicos— de cada lector en particular, que se consulte con una persona cualificada para obtener las informaciones más completas, más exactas y lo más actualizadas posible. EDITORIAL DE VECCHI, S. A. U.

Traducción de Gustau Raluy.
Fotografías de la cubierta: © *David Samuel Robbins/Getty Images; Kami Vojnar/Getty Images.*

© Editorial De Vecchi, S. A. 2018
© [2018] Confidential Concepts International Ltd., Ireland
Subsidiary company of Confidential Concepts Inc, USA
ISBN: 978-1-68325-832-2

El Código Penal vigente dispone: «Será castigado con la pena de prisión de seis meses a dos años o de multa de seis a veinticuatro meses quien, con ánimo de lucro y en perjuicio de tercero, reproduzca, plagie, distribuya o comunique públicamente, en todo o en parte, una obra literaria, artística o científica, o su transformación, interpretación o ejecución artística fijada en cualquier tipo de soporte o comunicada a través de cualquier medio, sin la autorización de los titulares de los correspondientes derechos de propiedad intelectual o de sus cesionarios. La misma pena se impondrá a quien intencionadamente importe, exporte o almacene ejemplares de dichas obras o producciones o ejecuciones sin la referida autorización». (Artículo 270)

Índice

Introducción 9

Qué es el espiritismo 11

Doctrina espírita. 21
Allan Kardec, el padre de la teoría espiritista 21
Universo y hombre según la doctrina espírita 26

Espíritus 38
Qué son los espíritus 38
Diferentes categorías de espíritus o la escala espírita 40
Espíritus en el más allá. 44

Médiums 48

Comunicación con el más allá: las manifestaciones de los espíritus 59

Comunicación con el más allá: el lenguaje de los golpes
  y la escritura espírita. 68
Güija u oráculo místico 69
Lenguaje de los golpes o *tiptología* 70
Escritura de los espíritus 75

Reuniones espiritistas 81

Introducción

Como su nombre indica, el espiritismo es una doctrina fundamentalmente espiritualista que da testimonio de la existencia de un mundo invisible después de la muerte del «envoltorio» carnal. En su dimensión experimental y práctica, el espiritismo también es una teoría que aspira al rigor científico y que se propone, como objeto de estudio, el análisis de las relaciones posibles entre el mundo de los vivos y el de los espíritus invisibles, que no son otra cosa que las almas de los hombres separadas de los cuerpos en el momento de la muerte.

La teoría espiritista debe ser planteada en una dimensión moral, casi religiosa. Al mismo tiempo, tiene que ser considerada como una vía abierta al más allá, un camino que no puede recorrerse si no es bajo la luz de la enseñanza de la ciencia espírita.

Esta obra ha sido concebida con un fin práctico, que no es otro que explicar las modalidades y la naturaleza de las relaciones entre el hombre y los espíritus, y facilitar la comunicación con estos últimos. Sin embargo, el autor es consciente de que la convicción moral de la supervivencia del alma humana en la esfera superior del mundo espiritual o, dicho de otro modo, la creencia en la existencia de los espíritus sólo puede adquirirse mediante un largo aprendizaje.

Por esta razón, en los capítulos que conforman la primera parte de esta obra se exponen los orígenes del movimiento espiritista moderno, así como sus precedentes históricos y la manera en que la nueva doctrina espiritista ha sido difundida. Estos capítulos se completan con un resumen de las bases teóricas del espiritismo, que describen, con una atención particular, la teoría de los espíritus y de la sensibilidad mediúmnica, examinada en los tratados del gran maestro Allan Kardec.

Las aplicaciones prácticas de la teoría espiritista se tratan en los últimos capítulos, que constituyen la segunda parte del libro. En ella, el lector encontrará la descripción de las modalidades que permiten comunicarse con los seres descarnados, el desarrollo de las reuniones o las asambleas de espiritismo, la manera de unir la fuerza física del médium con la de los participantes, la evocación de un espíritu determinado, etc.

Se ha dicho que el espiritismo sin Dios conduce a la parapsicología y a la metempsicosis; sin embargo, las personas que utilizan el espiritismo para encontrar un consuelo o para comunicarse con los difuntos queridos son mucho más numerosas que las que actúan por simple curiosidad. Otras sólo esperan obtener una prueba racional y tangible de la existencia de los espíritus y de la realidad de la vida eterna, que no han podido encontrar en otras doctrinas (religiones reveladas por el Ser supremo o limitadas en el marco de la especulación científica).

Este curso de espiritismo práctico ha sido pensado con la esperanza de que todo lector pueda encontrar los conocimientos necesarios para satisfacer y realizar sus propios deseos.

EL AUTOR

Qué es el espiritismo

El espiritismo está basado en la existencia de los espíritus, es decir, de las almas descarnadas de los muertos que, después de que el cuerpo muera, viven en el universo más allá del mundo material y recorren el espacio.
Los espíritus se manifiestan en el mundo de los vivos por varias razones y de distintas maneras: produciendo ruidos, desplazando objetos, transmitiendo mensajes escritos u orales, provocando visiones efímeras, y a veces incluso en forma de apariciones corporales u otros fenómenos parecidos, sin una causa aparente.
Reciben el nombre de *médiums* las personas que poseen la facultad de captar la presencia de los espíritus, debido a una constitución especial del fluido electromagnético (que en este mundo mantiene unidos el cuerpo y el alma). Estos médiums son el vínculo de unión mediante el que las almas de los difuntos actúan en los objetos del mundo físico, transmiten sus comunicaciones y se ponen en contacto con quienes asisten a las sesiones de espiritismo. Al haber sido separados de la materia por la muerte, los espíritus no pueden manifestarse en el mundo corporal sin la ayuda de una energía activa que toman del organismo vivo del médium. Según la doctrina espiritista, estos contactos con el más allá, que en el pasado estaban considerados como hechos maravillosos y fantásticos, imputados a la magia y la brujería, o a la imaginación excitada y a una credulidad excesiva, no alteran en absoluto el orden de los fenómenos naturales; simplemente son la consecuencia del proyecto divino de la Creación en la que el ser humano y el universo visible sólo ocupan un lugar insignificante.
Para la mentalidad y los conocimientos de un hombre primitivo, un objeto que para nosotros resulta común, como el teléfono, que permite la comuni-

cación verbal a distancia entre dos personas, sólo se hubiese podido explicar recurriendo a la brujería. El hombre moderno, en cambio, cuando se sirve de la electricidad, sabe perfectamente que está utilizando una energía invisible que se produce de un modo natural. La explicación que dan los espiritistas es muy parecida a esta: los espíritus se han manifestado en todas las épocas de la historia de la humanidad, pero la doctrina del espíritu, que ya cuenta con más de un siglo de vida, es la única que puede dar una explicación de estos fenómenos al hombre actual. En las obras fundamentales acerca de la teoría espírita, el espiritismo moderno se define como una «ciencia positiva y filosófica que observa y analiza con el máximo rigor científico los fenómenos espíritas y, al mismo tiempo, profundiza en las enseñanzas que se derivan de las comunicaciones con los espíritus».

Esto significa que, en su vertiente científica, el espiritismo estudia la naturaleza de los espíritus y su origen y su destino, así como las características de sus manifestaciones y de todos los tipos de relaciones que pueden establecer con el mundo de los vivos. Como doctrina filosófica impregnada de una profunda religiosidad, el espiritismo gira en torno al conocimiento de los preceptos morales preconizados por los espíritus en sus mensajes del más allá, a fin de revelar el camino recorrido por el alma humana después de la muerte del cuerpo. ¿Puede el hombre efectivamente comunicarse con las almas de aquellos que le han precedido en la Tierra?

Es evidente que la respuesta que dan los espiritistas a esta inquietante pregunta planteada desde hace años y años sólo puede ser afirmativa. A partir del momento en que se admite la existencia de los espíritus y que se reconoce su identidad esencial con el alma inmortal del hombre, despojada de su cuerpo físico, ¿por qué negarse a aceptar el hecho de que puedan desear o tener necesitad de comunicarse con los mortales? Esto es precisamente lo que se preguntan los espiritistas: ¿qué tipo de obstáculo puede haber, si la manera de entrar en comunicación con ellos existe realmente, para que no tengamos que acoger sus consejos y escuchar las enseñanzas que pueden transmitirnos? El espiritismo no enseña ni revela nada nuevo: las pruebas sobre las que se basan la existencia de los espíritus y sus relaciones con el mundo de los vivos son tan antiguas como el hombre mismo. Todas las culturas primitivas han tenido profetas, videntes, fantasmas y casas embrujadas.

Partiendo de la esfera del mundo natural visible, la totalidad de razas y religiones han basado su esperanza última en la presencia de un mundo sobrenatural, separado por la frontera de la muerte, en donde las almas y los difuntos prosiguen su existencia.

La novedad que aporta la doctrina espírita, cuando apareció como tal, a mediados del siglo XIX, es el descubrimiento de que la clave que ofrece la explicación lógica de todos estos hechos, enmarcándolos en un contexto doctrinal y teórico, no dista de las leyes que rigen los fenómenos naturales.

Franqueando el límite tradicional que define al hombre como un ser formado por un cuerpo y un alma, el espiritismo afirma la existencia de un tercer elemento, indestructible y de naturaleza fluida: el periespíritu.

Este cuerpo etéreo es una especie de envoltorio de propiedades electromagnéticas que, en vida, mantiene unida el alma, o espíritu, con la envoltura mortal del ser humano. En el momento de la muerte, el alma abandona el cuerpo, pero conserva el periespíritu, que es el verdadero intermediario mediante el cual el mundo de los espíritus puede entrar en contacto con el mundo físico de la materia.

Más adelante se tendrá ocasión de exponer brevemente los puntos fundamentales de la doctrina espiritista, ya que es indispensable conocer una serie de conceptos para iniciarse en esta apasionante y sorprendente esfera del mundo espiritual que envuelve y penetra al hombre. Mientras tanto, se viajará por las principales civilizaciones de la humanidad, siguiendo los indicios de sus creencias en el más allá que han llegado hasta nuestros días, hasta acabar en los hechos singulares de 1847, que significaron el nacimiento del espiritismo moderno.

Para los asirios y los babilonios, los muertos —a los que imaginaban transformados en un soplo inmortal o en un vapor que recorría los espacios del más allá— eran capaces de conocer el destino de los mortales. Estos últimos los invocaban a menudo por medio de prácticas y rituales mágicos, con el fin de obtener sus consejos.

La idea central de la doctrina espírita, es decir, la teoría según la cual el cuerpo magnético que el hombre posee cuando vive acompaña el alma inmortal después de la muerte, ya fue formulada por los antiguos egipcios. Estos creían en un duplicado de naturaleza invisible, al que llamaban Ka y que, según ellos, coexistía en el hombre al mismo tiempo que el cuerpo y el alma inmortal. En el momento de morir, el alma (Ba) inicia un largo viaje por las esferas de mundos superiores y, posteriormente, se reencarna en otro ser humano. A lo largo de toda la reencarnación, el alma se tiene que ir purificando hasta alcanzar la perfección y, paralelamente, la liberación completa del mundo material.

Una vez privado del alma, el duplicado (Ka) permanecía en los restos mortales tanto tiempo como estos se conservaban. Por esta razón se embalsamaba a los difuntos y se construían tumbas monumentales: para garantizar la conservación de los cadáveres el máximo tiempo posible y en un lugar seguro. Cuando estos últimos desaparecían, el Ka se transfería a una estatuilla depositada en la tumba junto al difunto; al «habitarla» la dotaba de poderes mágicos y milagrosos. Estas transferencias de carácter mágico, en las que el alma del difunto se introduce en una estatuilla o en otro objeto, son creencias que dieron lugar al nacimiento de los amuletos y los fetiches. Estos objetos, que se creía que estaban animados con poderes sobrenaturales, eran utilizados por los magos y los brujos para echar suertes o procurar la curación de todos los males.

En las gentes que poblaban Europa, también encontramos la creencia en un mundo invisible habitado por las almas de los muertos. Estaba muy viva en las tribus celtas. Los autores griegos y latinos han dejado muchos testimonios de este pueblo guerrero, que, en el siglo V, llegó hasta la Península Ibérica por la Europa Central. Los celtas creían fervientemente en la reencarnación y en la intervención de los espíritus en el mundo de los vivos. Como también lo enseña hoy en día el espiritismo moderno, pensaban que después de la muerte el alma debía superar grandes dificultades para poder reencarnarse; este periodo crítico podía durar entre unos días y unos años.

En Oriente, la doctrina budista y el hinduismo tradicional (inspirado en los Vedas o libros sagrados antiguos) defienden algunos principios que corresponden perfectamente a un espiritismo primitivo: el paso de las almas descarnadas a otro mundo; el retorno del alma a la Tierra en nuevas y sucesivas reencarnaciones; la deuda del karma, es decir, los efectos de las acciones humanas, que pesan en el alma durante todo un tiempo hasta el momento en que, después de varias reencarnaciones, el espíritu purificado se asimila a Dios y conoce entonces un estado de nirvana o beatitud absoluta.

El estado de nirvana

El buda Gautama, que llevó a cabo el nirvana, habla de ello a sus discípulos en estos términos:

«Existe, oh Discípulos, un reinado sin tierra, sin agua, sin fuego, sin aire. No es el espacio infinito, ni el pensamiento infinito, ni la nada, ni la idea o la ausencia de idea. Ni este mundo, ni otra cosa. No lo llamo ni una venida, ni una partida, ni una actitud fija, ni la muerte, ni el nacimiento. Carece de progreso, de estación; es el fin del dolor.

»Existe, oh Discípulos, un no ocurrido, no nacido, no creado, no formado; si no existiera este no ocurrido, no nacido, no creado, no formado, no habría salida posible para lo que ha ocurrido, nacido, creado y formado, pero como existe un no ocurrido, no nacido, no creado, no formado, así puede escaparse lo que ha ocurrido, nacido, creado y formado.»

(*Udana*, VIII, según una traducción del original en pali de F. I. Payne)

Los griegos, que en sus doctrinas filosóficas adoptaron y reelaboraron muchas ideas de la tradición oriental, creían en los espíritus y en los oráculos. Esquilo, en su tragedia *Los persas*, describe a la viuda de Darius ofreciendo libaciones de leche y miel para invocar el espíritu de su esposo, a quien se le permite abandonar el Reino de las Sombras durante unos instantes. Sócrates también afirmaba que estaba asistido constantemente por un espíritu familiar sabio. Platón y Pitágoras admitían la existencia de los espíritus y creían en la doctrina de la reencarnación.

En el mundo romano, todas las casas, todas las familias y todas las poblaciones se encontraban bajo la protección de espíritus familiares (los lares). Las prácticas mágicas estaban muy difundidas en todas las capas sociales, y se recurría sobre todo a la magia adivinatoria y a las evocaciones de los espíritus. Temiendo que los adivinos y los nigromantes incitaran a los ambiciosos a tomar el poder, los emperadores emprendieron una larga serie de procesos contra la brujería. Estas creencias debían estar muy enraizadas en el pueblo porque, muchos años después, todavía se intentaba, en vano, suprimirlas.

En las primeras sectas cristianas que aparecieron en Roma persistían muchos elementos de las doctrinas espiritistas antiguas. Sin embargo, con el triunfo del cristianismo, la magia perdió el monopolio de las relaciones con el mundo sobrenatural. El Dios que anuncia la nueva religión es único, infinitamente perfecto y todopoderoso; la naturaleza obedece ciegamente a sus leyes y no puede concebirse otra fuerza superior que pueda obligar al Creador a modificar sus designios. Por lo tanto, todo lo que va al encuentro del orden natural es un crimen contra Dios, quien da la vida al hombre y se la quita después con la muerte. Entonces, cualquier práctica mágica se convierte en un hecho demoniaco, intrínsecamente malo, luego condenable.

Pero, pese a los anatemas, las hogueras y la crueldad bárbara con la que se castigaba a los culpables de brujería y de prácticas ocultas, las doctrinas esotéricas continuaron viviendo en la clandestinidad.

Durante la Edad Media y el Renacimiento, la plebe, al igual que los nobles —y algunas veces también ciertos miembros de la Iglesia—, se dedicaba frecuentemente a la magia y a la brujería. Magos, astrólogos, alquimistas, videntes, posesos, etc., son personajes característicos del mundo feudal. En bastantes casos, se trataba de hombres que se habían consagrado a la ciencia y a la filosofía, preocupados por analizar los fenómenos naturales y hallar una explicación o un punto de partida para sus estudios en los textos de los grandes maestros de la Antigüedad.

En el siglo XVI, el famoso Paracelso, que, por sus teorías revolucionarias, estaba destinado a trastornar los fundamentos de la medicina tradicional, confirmó la existencia de un fluido magnético universal. Según su hipótesis, este fluido ejercía una influencia activa sobre el cuerpo humano, de manera que se hubiesen podido aplicar —esto es lo que creían los discípulos del magnetismo— estas fuerzas para curar enfermedades nerviosas y otras afecciones.

En el *Tratado de medicina energética*, publicado en 1673 por el eminente médico escocés W. Maxwell, el fluido universal, que se ha intentado relacionar con la teoría del espíritu, aparecía descrito como el «fluido vital que une el cuerpo y el alma», es decir, un elemento y una función muy parecidas a las cualidades que los partidarios del espiritismo atribuían al periespíritu.

Los hombres de ciencia intentaron transformar las antiguas supersticiones y las prácticas heterodoxas de curanderos en una medicina positiva, basada en la razón y la mesura, y la alquimia en un instrumento capaz de hacer descubrir la clave lógica de los hechos naturales.

La filosofía moderna, por su parte, condujo todas sus reflexiones al problema del hombre, considerado como una criatura del reino animal que no puede sustraerse a las leyes del mundo natural, y dejó a los teólogos las cuestiones relativas a la divinidad.

En esta época, en todas las ramas del saber se produjeron posicionamientos a favor de la verdad y de la lógica natural que desembocaron en el racionalismo, el imperio de la razón, cuyos postulados constituyen la base sobre la que más tarde se construyeron la ciencia contemporánea y el pensamiento materialista actual.

Pero, aunque los conocimientos científicos hoy en día pueden dar una explicación racional a muchos de los fenómenos que en el pasado, a causa de la ignorancia de las leyes físicas y químicas, estaban considerados consecuencias de una intervención divina o mágica, existe todavía un límite infranqueable —pese a los medios sofisticados de los que disponen los científicos contemporáneos— más allá del cual se continúan produciendo hechos, igualmente concretos, envueltos en un tupido misterio.

A mediados del siglo XIX, en Estados Unidos, se produjeron una serie de hechos insólitos que quedaban fuera del alcance de cualquier interpretación científica. Estos acontecimientos fueron catalogados en esta zona de penumbra que la razón humana, en un momento histórico dado, aún no puede confirmar.

Los hechos en cuestión tuvieron una gran e inmediata repercusión y despertaron el interés de escritores famosos, científicos, filósofos y eclesiásticos. La clave que explicaba estos fenómenos, que no podía obtenerse por medio de la ciencia oficial, se descubrió un tiempo después, cuando fue formulada la doctrina espiritista. Fue como si, justo en el momento en que el mundo moderno se disponía a entrar en la era del gran desarrollo material de la humanidad, los espíritus hubiesen querido hacer acto de presencia ante los hombres para recordarles la preponderancia del mundo espiritual y el fin supremo de la creación.

En una granja de Hydesville, situada en el estado de Nueva York, se produjeron unos extraños acontecimientos que obligaron a la familia Weckman, que vivía allí, a abandonarla a toda prisa.

Una noche, aproximadamente a la una, un grito de terror despertó al matrimonio Weckman; provenía de la habitación contigua, en donde estaba su hija. Alarmado, el padre fue allí y llevó a la niña a su habitación. La pequeña estaba muy asustada y en estado de choque: gemía débilmente y su rostro contraído mostraba evidentes signos de terror. Afortunadamente, no le había ocurrido nada grave y, una vez tranquilizada, explicó lo que le había ocurrido. Le habían despertado unos ruidos extraños y se había sentado en la cama. Entonces, notó una «cosa fría y blanca» que, en un primer momento, le había parecido que era un animal desconocido reptando por su cuerpo hasta el cuello. La niña se dio cuenta fugazmente de que se trataba de una especie de mano extraña con dedos muy móviles. Pegó un grito y perdió el conocimiento. Los padres se calmaron, convencidos de que había sido una simple pesadilla... La niña durmió el resto de la noche en la cama de sus padres y el episodio fue olvidado. Unas semanas después, también durante la noche, se oyeron unos golpes insistentes en las paredes de la casa. La niña se despertó sobresaltada y gritó: los golpes cesaron de inmediato y volvió el silencio. A partir de aquel momento, la idea de que la casa estaba habitada por un fantasma empezó a obsesionar a la señora Weckman, que, de mutuo acuerdo con su marido, decidió marcharse cuanto antes y mudarse a Nueva York.

Estos hechos habían tenido lugar en 1847. Unos meses más tarde, llegaron a la granja unos nuevos inquilinos, la familia Fox.

Los Fox gozaban de un gran reconocimiento en la iglesia metodista local. El padre, John Fox, incluso había pronunciado algunos sermones a los fieles. Probablemente, al ser personas muy religiosas, no dieron ningún crédito a las habladurías que corrían por el pueblo, que afirmaban que la casa estaba encantada. Pero en el momento que los nuevos inquilinos se instalaron en ella, los fenómenos que habían aterrorizado a los propietarios anteriores se repitieron. El señor Fox dio aviso a las autoridades y decidió montar guardia durante la noche.

El matrimonio Fox tenía dos hijas, Margaret y Kate, de catorce y doce años respectivamente. Estas, al principio, se asustaron pero, al final, acabaron familiarizándose con el «fantasma». Una noche, como de costumbre, las despertaron unos golpes que resonaban en su habitación. Kate, la más joven, se divertía respondiéndoles con un chasquido de dedos y esperando luego la respuesta correspondiente. Preocupada, la señora Fox acudió a la habitación de sus hijas pero, al darse cuenta de que no les ocurría nada malo, tuvo la idea de intervenir en la «conversación».

Se dirigió a la fuente del ruido y dijo: «Cuenta hasta diez». Y diez golpes, ni uno más ni uno menos, se oyeron en la habitación. Entonces, la señora Fox pidió a su «interlocutor» que respondiera con un solo golpe si era un ser humano: la respuesta fue un completo silencio. Suponiendo que efectivamente podía tratarse de un fantasma, preguntó: «Si hay algún espíritu en la casa, que responda dando dos golpes». Y acto seguido se oyeron dos golpes en el silencio de la noche. Por medio de esta anécdota, aparentemente banal, los espíritus entraron en comunicación con los vivos.

A la noche siguiente, toda la familia se reunió en la habitación para esperar la llegada del fantasma. Este no se manifestó hasta pasada la media noche, y los Fox estuvieron en comunicación con él durante más de una hora. Utilizando el lenguaje de los golpes, que por el momento era la única forma de establecer un diálogo con el interlocutor invisible, le preguntaron si podía responder a sus preguntas también en presencia de otras personas. La respuesta fue afirmativa. El señor Fox se dirigió nuevamente a las autoridades y se reunió con el juez de la región, el médico y otros vecinos del lugar. Uno de los participantes más interesados en la experiencia, un cuáquero llamado Isaac Port, compuso un alfabeto rudimentario en el que cada letra correspondía a un cierto número de golpes. Gracias a este alfabeto fue posible averiguar la identidad y la historia del espíritu que emitía los golpes: dijo llamarse, cuando estaba vivo, Charles Ryan (o Charles Haynes, según los autores); asimismo, contó que había sido vendedor ambulante y que, en 1832, a los treinta y un años, fue asesinado por un antiguo habitante de la casa, que lo había enterrado en la bodega. Se excavó en el lugar indicado y, entre los restos de carbón y cal, se encontraron un puñado de cabellos y huesos humanos. Una vez investigadas todas las informaciones que había dado el espíritu, pudo confirmarse que un vendedor ambulante de nombre Charles Ryan efectivamente había desaparecido misteriosamente en 1832, a los treintaiún años. Era viudo y padre de cinco hijos.

La noticia de estas «conversaciones» con los muertos se difundió rápidamente por Estados Unidos, y en poco tiempo la casa de Hydesville fue transformada en un centro de atracciones. Pero las opiniones de los vecinos, que al principio habían creído todos en la sinceridad de los Fox, empezaron a dividirse. Los más exaltados creían ver en todos estos acontecimientos la mano del diablo, e incluso hubo quien propuso quemar la granja. La familia fue apartada formalmente de la iglesia metodista. Alarmados por la actitud de la gente, los Fox decidieron mudarse a un lugar seguro y se establecieron en Rochester, en casa de una hija mayor. Pero allí también la situación se hizo insoportable: por la noche, unos brillos extraños aparecían en las ventanas y los muebles, las paredes crujían y los objetos de la casa se movían. Entonces los espíritus tranquilizaron a los vivos: no tenían nada que temer, se habían manifestado sólo porque había llegado el momento de dar a conocer al mundo entero la verdad eterna; acudían al lado de los seres queridos para guiar sus pasos y consolarlos en este valle de lágrimas. Las hermanas Fox, que estaban empezando su carrera de médiums, recibieron el encargo de celebrar reuniones y asambleas en las que los espíritus pudieran comunicar sus mensajes de paz y felicidad. En poco tiempo, las reuniones espiritistas se multiplicaron, no sólo en torno a Margaret y Kate Fox, sino también con otros médiums que, gracias a ellas, habían descubierto sus facultades. De este modo, se formó un pequeño grupo de adeptos que, movidos por un gran entusiasmo, organizaron una gran asamblea pública el 14 de noviembre de 1849 en Manchester. Este acontecimiento marcó los inicios oficiales del movimiento espírita. Tres años más tarde, en 1852, se celebró en Cleveland el primer congreso espírita, y en 1854, en Estados Unidos había más de tres millones de espiritistas y unos cien mil médiums en activo.

Durante los años siguientes, una comisión de médiums norteamericanos recorrió los principales países de Europa e iban suscitando a su paso un enorme interés. Eminencias del mundo de la ciencia y las letras, eclesiásticos, militares y artistas mostraron su entusiasmo por los fenómenos espiritistas. En los salones de la alta sociedad, frecuentados por escritores y filósofos, se discutía apasionadamente del tema y se organizaban encuentros para invocar a los seres del más allá.

Doctrina espírita

Allan Kardec, el padre de la teoría espiritista

Hippolyte-Léon Dénizard Rivail, nacido en Lyon el 3 de octubre de 1804, en el seno de una familia en la que se era abogado o magistrado, era un intelectual prestigioso. Metódico, exigente y trabajador incansable, había terminado brillantemente sus estudios de Medicina y, más tarde, atraído por la filosofía y la pedagogía, se había establecido en Suiza para trabajar con el profesor J. E. Pestalozzi, padre de la pedagogía moderna, de quien llegó a ser uno de los colaboradores más próximos.

En 1830 se instaló en París y fundó un instituto científico, en donde se aplicaban los principios modernos de las enseñanzas del profesor Pestalozzi.

Dos años más tarde contrajo matrimonio con Amélie Gabrielle Boudet, hija de un notario, que también se dedicaba a la enseñanza.

Por un revés de la fortuna, el matrimonio tuvo que afrontar, durante un tiempo, una situación económica muy precaria. Rivail, que se había visto obligado a cerrar el instituto, continuó ganándose la vida dando clases, llevando la contabilidad de varias empresas y traduciendo al alemán las obras de autores franceses. Pero su verdadera vocación seguía siendo la pedagogía: por la noche preparaba manuales de gramática y de matemáticas para los colegios, y varias de sus obras fueron adoptadas como libros obligatorios en los institutos. Su labor docente (profesor de Física y Química en 1849), sus publicaciones y la fortuna que heredó su esposa le dieron una posición social elevada.

En 1854 se reencontró con un viejo amigo, Carlotti, que le habló con entusiasmo de los espíritus y de las sesiones de espiritualismo.* Rivail tenía una excelente opinión de su amigo, al que consideraba un hombre de grandes cualidades, pero no confiaba mucho en su carácter expansivo y exaltado. Hasta aquella época, Rivail no sabía nada de los espíritus pero conocía perfectamente las teorías del fluido magnético que Paracelso y otros pensadores habían estudiado dos siglos antes y que Franz Anton Mesmer, un médium vienés conocido por su excentricidad, había puesto de moda en París hacia 1870, lo que provocó un gran escándalo.

Inmediatamente, Rivail creyó que los presuntos espíritus debían estar relacionados, de alguna manera, con el fenómeno del magnetismo.

Poco después de su encuentro con Carlotti, otras personas también le hablaron de los espíritus y, esta vez, en un tono muy diferente, más sereno y mesurado. Movido por la curiosidad, empezó a participar en sesiones de espiritualismo y en poco tiempo se convirtió en asiduo.

Comprendió inmediatamente que el simple hecho de que los espíritus se manifestaran a los vivos demostraba la existencia de un mundo invisible en donde, muy probablemente, era posible encontrar la respuesta a la principal duda de la humanidad: el destino del hombre después de la muerte.

Sin embargo, su temperamento científico oponía una cierta resistencia a estas conclusiones precipitadas. Entonces se hizo el propósito de estudiar con rigor y profundidad esta hipótesis. La ocasión se presentó gracias a su amigo Carlotti. Junto con otras personalidades, intelectuales de renombre, como el escritor Victorien Sardou, Taillandier de la Academia de las Ciencias y el editor Didier, Carlotti había trabajado durante cinco años transcribiendo en cuadernos todas las experiencias personales con los espíritus y completando su documentación con testimonios procedentes de todo el mundo, y en particular de Estados Unidos. Carlotti entregó todos los escritos a Rivail y le confió el trabajo para llevar a cabo un análisis detallado de todo con el fin de deducir, si era posible, unas ideas generales que explicaran estos misteriosos fenómenos. Llevado por su curiosidad de intelectual, Rivail aceptó el reto pero,

---

*En la época en la que Rivail fue invitado a una de estas reuniones, el fenómeno entonces se designaba con el término *espiritualismo*. Para desmarcarse de él, Rivail, convertido en Allan Kardec, creó el término *espiritismo*.

al cabo de un tiempo, se sintió incapaz de poner orden a aquel cúmulo de detalles absurdos y de afirmaciones enigmáticas. Ya casi había decidido renunciar cuando, en el transcurso de una sesión, una comunicación «firmada» Espíritu de la Verdad le atribuyó el seudónimo de Allan Kardec, explicando que aquel había sido su nombre en una reencarnación precedente. El espíritu le reveló también que le había sido confiada la misión de divulgar esta nueva doctrina y que los espíritus lo ayudarían a hacerlo. Esta comunicación le dio nuevas fuerzas y, a partir de ese momento, dedicó toda su actividad al espiritismo. Con la firme convicción de la existencia de los espíritus, empezó a analizar y clasificar todos los testimonios y los documentos de que disponía y sentó las bases de un credo filosófico y moral que constituye la doctrina y la teoría fundamental del espiritismo. Fue él quien creó el término *espiritismo* (véase la nota de la página 22). «Una de las primeras conclusiones a las que llegué —escribió Rivail— fue el descubrimiento de que los espíritus son más que las almas de los hombres. No poseen ni la ciencia suprema, ni la sabiduría absoluta; su saber es limitado. Por tanto, no hay ninguna razón para considerar sus mensajes infalibles».

El 18 de abril de 1857, con el seudónimo de Allan Kardec, publicó su obra principal, *El libro de los espíritus*, en el que definió con gran rigor el espiritismo en su grandeza real, eliminando la vertiente burlesca y frívola que muchas personas le atribuían. En 1858, fundó *La Revue Spirite* (La Revista Espírita), el órgano principal del movimiento espiritista. Al cabo de poco tiempo, a petición de sus amigos, fundó en París la Sociedad de Estudios Espiritistas. Además de su colaboración asidua en la revista en forma de numerosos artículos, Rivail publicó a lo largo de los años siguientes otras obras importantes en las que desarrolló, uno tras otro, los aspectos esenciales de la doctrina: *¿Qué es el espiritismo?* (1859), *El libro de los médiums* (1861), *El Evangelio según el espiritismo* (1864), *El cielo y el infierno* (1865), *El génesis* (1867), *Los milagros y las predicciones según el espiritismo* (1866), etc.

Hasta su muerte, el 31 de mayo de 1869, agotado por el exceso de trabajo y enfermo del corazón, su existencia fue una lucha constante mediante sus libros y sus artículos. Viajó por toda Francia para dar a conocer sus ideas y fomentar la creación de nuevos grupos espiritistas, luchó contra los detractores del espiritismo y desarmó a más de un mentiroso que intentaba desprestigiar el movimiento.

Todo el conjunto de los postulados filosóficos y los preceptos prácticos que, todavía hoy, constituyen las líneas principales del credo espiritista está contenido en las obras que Allan Kardec legó a la humanidad para desarrollar y divulgar el mensaje de los espíritus. Kardec-Rivail elaboró su doctrina a partir de la observación de los hechos y del análisis de las comunicaciones obtenidas mediante los médiums.

Muy probablemente, sin él y sin su trabajo entusiasta, el espiritismo ingenuo y rudimentario de los primeros médiums norteamericanos en poco tiempo hubiese sido practicado únicamente por sectas de iniciados o se hubiese convertido en una simple diversión para animar las veladas entre amigos. Pero cuando Allan Kardec descubrió que, en los espíritus, al igual que en los hombres, había una escala de conocimientos y de sabiduría, empezó a seleccionar y a estudiar en detalle sólo los mensajes que, por su contenido de alto nivel, revelaban la presencia de un espíritu superior. Las otras comunicaciones que mostraban el miedo, la confusión, un apego excesivo al mundo de la materia o, a veces, los errores, la chanza o la desesperación las consideró como transmitidas por espíritus imperfectos y las descartó. Gracias a esta prudente decisión de Kardec, el pensamiento espiritista sólo incluye las enseñanzas dictadas por los espíritus más elevados.

«Al principio —explica Allan Kardec— tenía las ideas muy confusas; sin embargo, me encontraba ante ciertos hechos intangibles que debían tener una causa muy precisa... Yo realizaba los primeros estudios serios acerca de los espíritus basándome en la observación de los fenómenos que se producían y en ningún caso aceptaba un comportamiento de prevención. Yo observaba, analizaba, sacaba conclusiones, las comparaba unas con otra, las verificaba. Me remontaba de los efectos a las causas por la inducción; intentaba descubrir la razón lógica de los hechos y no me daba por satisfecho hasta que había superado todas las dificultades que me presentaba cada problema. Este es el proceso que seguí en todos mis trabajos desde la edad de quince o dieciséis años».

En las obras de Allan Kardec pueden hallarse las huellas de las principales doctrinas religiosas occidentales y de la antigua tradición oriental. La idea de Dios, supremo Creador del Universo, es fundamental para el espiritismo. Dios creó al hombre y le dio un alma inmortal que es Su creación. Dios es pues el Creador de los espíritus. Para estos, los ángeles no son aquellos seres especiales de naturaleza intermediaria entre el hombre y Dios (como enseña la doctrina cristiana), sino espíritus elegidos que han superado todas las dificultades y han alcanzado el nivel más elevado.

El Cielo no es un lugar concreto, sino que está en todas partes porque es el estado de beatitud, paz y felicidad que alcanzan los buenos espíritus, se encuentren en el lugar que se encuentren. Además, las penas eternas no son más que una metáfora elemental para iluminar nuestra ignorancia: no hay ni fuego ni infierno, sino sólo una profunda angustia que oprime a los espíritus imperfectos mientras recorren el camino que los lleva a la perfección.

Los espíritus no niegan ni el personaje de Jesús ni su importancia en la historia de la humanidad, pero lo consideran en su naturaleza humana como un espíritu superior, taumaturgo, médium y vidente, un espíritu único que debe servir de ejemplo a los otros hombres. Los hechos que narra el Evangelio, los milagros y las profecías, se interpretan desde la óptica de esta nueva visión de la persona de Cristo. La idea del periespíritu, la doctrina de la reencarnación, el camino del perfeccionamiento que las almas tienen que recorrer para alcanzar el estado de suprema beatitud, son todos ellos conceptos característicos del hinduismo. También derivan de este el paso de las almas descarnadas a otro mundo, hasta el momento en que regresan a la Tierra para una nueva reencarnación, y la ley del *karma*, es decir, los efectos de los actos de los hombres que pesan en el alma hasta su extinción.

La influencia de la educación protestante que recibió Allan Kardec también es muy evidente. Es especialmente sorprendente su conocimiento de las Sagradas Escrituras. También hay que destacar, desde este punto de vista, el hecho de que haya concebido una doctrina sin jerarquía ni ministros ni cultos. Este más allá, en donde viven los espíritus, se presenta como la otra cara (invisible) del mundo natural y es la base de una religiosidad cotidiana, elemental, sin misticismo alienante o rituales equívocos.

El karma

El *karma* es un concepto muy complejo que llega de Oriente. Si quiere darse una imagen simplificada, para profanos, puede decirse que la ley del *karma* es una ley moral según la cual las buenas y las malas acciones del hombre le siguen a lo largo de sus existencias sucesivas. Se debe evolucionar y, *kármicamente*, se está encadenado al pasado, y al pasado del mundo, y esto determina las existencias futuras.

Al cambiar de cuerpos, de personalidades, en las reencarnaciones siguientes, queda algo de estos «seres» antiguos, hasta que se llega a la depuración total, hasta la liberación del ciclo de los renacimientos. Normalmente no queda ningún recuerdo de las existencias anteriores, como es la ley del *karma*.

Universo y hombre según la doctrina espírita

La teoría espírita no se limita a catalogar y a estudiar las relaciones que los espíritus pueden establecer con los vivos mediante los médiums. En sus libros y artículos, Allan Kardec quiso ir más allá y revisar las ideas tradicionales acerca del origen del Universo, del hombre y de su destino en función de las enseñanzas superiores contenidas en el mensaje de los espíritus.

Antes de introducirse en la aplicación del espiritismo práctico, que representa el objeto verdadero de esta obra, se intentará resumir la visión del mundo y del hombre que profesan los espíritus.

Todo esto será de mucha utilidad para entender mejor la naturaleza de los espíritus, el lugar que ocupan en el marco armonioso de la creación y el sentido más hondo y último de la revelación espírita.

Universo
El Universo es la obra de Dios. Este es la causa primera de todas las cosas, y la armonía universal que el hombre contempla en la creación es el fruto de su inteligencia suprema. Dios es el Ser infinito y eterno que la religión enseña, todopoderoso, bueno y justo. Dios ha creado el Universo por un acto de su voluntad divina y también es el Creador de los espíritus. El mundo espiritual es anterior al mundo natural.

En la naturaleza, la materia coexiste con el espíritu. La esfera espiritual ha sido constituida por la voluntad de Dios, partiendo del principio universal, o inteligencia universal. El mundo de la materia proviene de un solo elemento físico, común y original: el mundo mineral representa la materia inerte, inanimada, es una masa latente; los seres vegetales corresponden a la materia vitalizada; el reino animal es la materia animada por una inteligencia inferior que opera con el objetivo de la supervivencia y la conservación de la especie.

Los animales poseen un alma inferior, de naturaleza parecida a la del alma humana y que, al igual que esta última, sobrevive a la muerte del cuerpo. Sin embargo, el alma animal tiene facultades más limitadas que las del alma del hombre.

Hombre

Según el espiritismo, Adán es sólo un mito utilizado para representar la creación del hombre por Dios. La aparición del hombre tuvo lugar en varios lugares del mundo y, probablemente, se produjo en diferentes épocas.

Todos los seres vivos tienen como origen unos embriones primarios nacidos en el seno de la creación. Cuando las condiciones en la Tierra fueron favorables, empezaron a desarrollarse hasta alcanzar formas más evolucionadas. Sin embargo, no puede considerarse al hombre como un eslabón más en la cadena evolutiva del reino animal: existe una diferencia congénita, original.

El hombre está constituido de tres elementos distintos: el cuerpo material, el alma y el periespíritu. El cuerpo es el vehículo gracias al cual el alma prosigue, en este mundo, su camino hacia la perfección; es el principio inmortal e inteligente que existe en todos los seres humanos, el elemento inmaterial que gobierna el cuerpo físico, el origen del pensamiento, la voluntad y el sentido moral. El periespíritu, o cuerpo astral, que une el cuerpo y el alma, es un fragmento de la energía universal.

Muerte y reencarnación

Con la muerte, el alma pierde su «envoltorio» material: el cuerpo. Al liberarse de los vínculos carnales que la limitaban a la Tierra, sólo le queda el periespíritu, que es el elemento semimaterial o fluido gracias al cual el alma puede vivir en el espacio y manifestarse. Según la doctrina espírita, los espíritus son seres invisibles y dobles, es decir, compuestos del alma, que es un elemento simple, el principio inteligente, y del periespíritu.

En el momento de la muerte, al alma se le presenta un periodo de confusión: no se reconoce de inmediato en su nuevo estado y erra durante un tiempo, perdida en su turbación. En los seres humanos muy ligados a la materia, la separación del cuerpo mortal representa para el alma una fase larga y dolorosa. En cambio, para quienes a lo largo de la vida se habían elevado por encima de las cosas materiales, la transición se produce rápidamente y sin sufrimiento. Una vez se encuentra entre los espíritus, el alma puede verse tal como es, con sus cualidades y sus defectos. Sus hábitos y sus imperfecciones persisten y no se modifican durante toda la vida errante hasta que, en una nueva reencarnación, esté en condiciones de liberarse de algunas de sus impurezas y subir unos escalones hacia la perfección.

En el camino del perfeccionamiento

El alma recorre este camino, cuyo fin es alcanzar la perfección mediante varias reencarnaciones sucesivas. La reencarnación no tiene lugar siempre en la Tierra: a veces los espíritus pueden reencarnarse en otros planetas. Sin embargo, en todos los casos la vuelta al mundo material significa para ellos el retorno a un lugar de exilio y de expiación, en donde se les ofrece la oportunidad de progresar y merecer en el futuro otro mundo mejor. El grado de perfección que el alma alcanza en cada una de estas etapas que conducen a la beatitud suprema es definitivo. De una vida a otra, el alma puede bajar de categoría social, pero en ningún caso puede retroceder en relación al nivel espiritual obtenido durante las reencarnaciones precedentes.

Los espíritus son seres asexuados y, cuando pasan de una vida a otra, pueden cambiar de sexo. La misma confusión que trastorna al alma en el momento de la muerte se produce también en el paso inverso, es decir, al renacer cuando tiene lugar una nueva encarnación. Para un espíritu, es muy doloroso abandonar el mundo espiritual y someterse a las dificultades que le esperan en el mundo de la materia. La unión con el cuerpo que va a nacer empieza en el momento de la concepción, pero no se completa hasta el momento de nacer. Una vez terminada la encarnación y su nueva vida empezada, el espíritu pierde todos los recuerdos de su vida anterior y se concentra en el desarrollo del cuerpo que acaba de nacer.

Los diez preceptos morales de los espíritus

Considerando este mundo como el trayecto que las almas deben recorrer en su peregrinaje hacia la perfección, el espiritismo prescribe un código moral que consta de diez leyes, o preceptos, que el hombre debe respetar para mantenerse en el camino del bien y secundar los deseos divinos de la creación. Estos diez preceptos morales son los siguientes.

Adoración. Se trata del amor a Dios, por encima de cualquier otra cosa. Este precepto se respeta con la oración y practicando la bondad.

Trabajo. Es una ley a la que no puede escaparse en el mundo de la materia. En formas diversas, es indispensable en todos los mundos para superar las dificultades que se presentan en el camino de la perfección.

Reproducción. La reproducción es un principio sagrado en el mundo de los vivos, porque ofrece un instrumento carnal a los espíritus. En general, el espiritismo es contrario al celibato, salvo en casos excepcionales en los que constituye una ventaja para el bien de la humanidad.

Conservación. El hombre debe respetar su vida y la del prójimo. El suicida y el asesino cometen un pecado muy grave contra el orden universal.

Destrucción. El principio de la destrucción es una ley de la materia, pero no del mundo espiritual.

Sociedad. El hombre sólo puede progresar en el marco de la sociedad si ayuda a sus semejantes.

Progreso. El Universo avanza hacia el objetivo del deseo divino a pesar de todos los obstáculos. Luego el progreso universal es, pese a las apariencias, un hecho innegable.

Igualdad. Originalmente la igualdad es total entre los hombres y los espíritus. Las diferencias que se observan en este mundo son transitorias, fruto del error y de la ignorancia.

Libertad. El ser humano es esclavo de su cuerpo, pero el alma inmortal ha sido creada completamente libre. El espiritismo lucha por la libertad de pensamiento y condena todas las formas de opresión.

Justicia y amor. Este último precepto es un reflejo del mandamiento evangélico: «Ama al prójimo como a ti mismo».

La influencia de la moral cristiana tradicional sobre este decálogo es evidente, aunque en ciertos puntos surgen diferencias que separan la doctrina espírita de la católica. Por ejemplo, el celibato, el misticismo, el hecho de entregarse a Dios, prescritos por las órdenes religiosas, pueden llegar a oponerse al progreso universal. Por otro lado, para los espíritus, ni el pecado ni la ignorancia están condenados al castigo y el bien no está recompensado: Dios no castiga y premia a los hombres. El bien nos lleva a él y constituye la fuente de la felicidad; el mal aleja de Dios y es el origen del sufrimiento.

El espiritismo desde Allan Kardec hasta nuestros días

Allan Kardec no fue solamente un intelectual iluminado, el gran pensador que, con toda la precisión de un hombre de ciencia, formuló una teoría espírita compleja, basada en las enseñanzas de los propios espíritus, sino que, consciente en todo momento de la extraordinaria importancia de la misión que le había sido confiada, supo ser el promotor infatigable de todas las iniciativas que podían contribuir a la difusión de la doctrina espírita.

El 1 de abril de 1858, en la fundación de la Sociedad de Estudios Espiritistas, fue elegido presidente por unanimidad por los fundadores. Once años más tarde, en 1869, falleció a la edad de sesenta y cinco años y su entierro fue seguido por una gran multitud hasta el cementerio de Père-Lachaise. Pero, entonces, la doctrina a la que había consagrado su trabajo y su vida ya estaba profundamente anclada en el corazón de los hombres de fe.

El alfabeto de Isaac Port estuvo abandonado durante los primeros tiempos del espiritismo, puesto que muchos espíritus preferían manifestarse por otros medios: haciendo girar las mesas o desplazando objetos en el espacio. Por otra parte, algunos médiums habían tenido la ocasión de observar que, dejando que su mano se moviera libremente por una hoja de papel, podían escribir, guiados por los espíritus, los mensajes que estos les querían comunicar. Con este sistema se facilitaban las relaciones entre los espíritus y los creyentes y, en consecuencia, eran mucho más productivas.

La masa de gente que en un principio se había aficionado al espiritismo, sobre todo atraída por la novedad, empezó a disminuir poco a poco y a seleccionarse.

Aquellos que en los fenómenos espiritistas habían creído ver un simple juego para animar las veladas pronto cambiaron de rumbo debido a la seriedad y la trascendencia de la doctrina espírita. Para otros, su condena por parte de la ciencia oficial fue decisiva para alejarlos, por miedo a quedar en ridículo.

Por último, para otros muchos la posición de la Iglesia fue determinante, sin contar aquellos que se habían apartado por temor de ser engañados por falsos médiums o por personas sin escrúpulos.

El núcleo de fieles que, finalmente, se agrupó alrededor de la doctrina del espiritismo estaba compuesto por los mejores elementos: lo formaban sólo personas firmemente convencidas de su legitimidad, que no eran pocas, y su número no dejó de ir en aumento.

El primer congreso espiritista internacional

Del 9 al 16 de septiembre de 1889, se celebró el primer congreso espiritista internacional (Congreso Espírita y Espiritualista de París), que contó con la presencia de numerosas delegaciones extranjeras. El congreso se proponía unificar las doctrinas, reglamentar los grupos espíritas y valorar la situación del espiritismo en el mundo.

En la época de este primer congreso, veinte años después de la muerte de Allan Kardec, la situación en los principales países era la siguiente: en Estados Unidos, en donde había nacido el movimiento, había más de un millón de adeptos, entre los cuales estaba Abraham Lincoln, agrupados en varios círculos y federaciones, con diversas publicaciones y revistas. En Alemania y en Italia, la doctrina espírita se había infiltrado principalmente como una corriente intelectual y reunía sobre todo a escritores, hombres de ciencia, médicos, etc.

Francia, el país organizador del congreso, se había situado rápidamente al frente del movimiento en Europa y en el mundo, gracias al genio de Allan Kardec y las numerosas agrupaciones espíritas francesas muy activas.

En Rusia, en donde los fenómenos sobrenaturales siempre habían despertado un enorme interés, miles de partidarios de la nueva doctrina la habían adoptado con gran entusiasmo. En Gran Bretaña y en todas las colonias británicas, a pesar de que no todos los puntos de la teoría de Allan Kardec fueron aceptados, existía una fuerte corriente partidaria del espiritismo, y todas las sectas espíritas estaban presentes en el congreso de París. En España, los círculos espíritas se contaban ya por centenares, publicaban más de diez revistas y financiaban varias instituciones de beneficencia.

El vizconde de Torres Solanot, uno de los principales promotores del movimiento, llevó al congreso la adhesión de los espíritas de Portugal y Cuba a la doctrina de Allan Kardec. América Central estaba representada por una delegación que encabezaba el general Refugio Gonzales, que transmitió la adhesión de los espíritas de México y Puerto Rico. En Brasil, donde desde siempre ha habido una propensión a los contactos con el más allá y la gente está acostumbrada, por tradición, a las prácticas de ocultismo y brujería, el espiritismo se había convertido desde sus inicios en un fenómeno de masas.

El congreso se pronunció por unanimidad contra la doctrina materialista y a favor de los fenómenos paranormales. Sin embargo, las opiniones estaban divididas en cuanto a la explicación que se daba a los diferentes fenómenos. Las divergencias aumentaron en el punto en que se trataba de definir la naturaleza de los espíritus: mientras que, según la doctrina de Allan Kardec, el espíritu se compone del alma y del periespíritu, según el espiritismo oculto profesado en otros países el espíritu es un cuerpo astral que se forma a partir de la memoria del difunto invocado. Otros grupos expresaron una opinión contraria a la reencarnación, argumentando que la vida de los espíritus está limitada o que, un tiempo después de la muerte, el espíritu es transferido a un mundo superior.

Aplicando el principio de la libertad de pensamiento y expresión proclamado por el decálogo espírita, el congreso tomó la decisión de dejar a los creyentes la libertad de tener cada uno su propia opinión.

En 1906, un historiógrafo de los orígenes del movimiento, J. Malgras, en su obra *Les Pionniers du spiritisme* (Los pioneros del espiritismo), citaba una larga lista de personalidades eminentes de todo el mundo que suscribían públicamente la doctrina de los espíritus. En este listado estaban incluidos, entre otros, el astrólogo alemán Zöllner; el inglés William Crookes, uno de los sabios más brillantes de la época; el físico italiano Gerosa; el lingüista y escritor Aksakof, consejero del zar de Rusia; el juez Edmons, de la Corte Suprema de Nueva York; el químico Mapres; el investigador y escritor Robert D. Owen, etc.

En 1922, durante el congreso internacional de Londres, el doctor George B. Wane, presidente de la Asociación de Espíritas de Estados Unidos, pronunció un discurso memorable que sentaba las bases de la Federación Espírita Internacional, creada recientemente.

Tres años más tarde, en el congreso de París, se establecían definitivamente las funciones de coordinación y divulgación confiadas a la federación que se había acabado de fundar.

Este congreso de 1925, presidido por el escritor Conan Doyle, padre del famoso detective Sherlock Holmes, pudo declarar, con gran solemnidad, que el movimiento espírita se había extendido a todo el mundo.

Sucesores de Allan Kardec

Entre los continuadores de la obra de Allan Kardec, cabe citar sobre todo a León Denis, espiritista activo y entusiasta desde los inicios. Este escritor llevó al extremo las conclusiones a las que había llegado Kardec acerca de la oposición del dogma católico. León Denis escribió una serie de obras inspiradas: *Dans l'invisible* (Dentro de lo invisible), *Après la mort* (Después de la muerte), *Christianisme et Spiritisme* (Cristianismo y espiritismo), *Le problème de L'être et du destin* (El problema del ser y del destino), *Le Monde invisible et la Guerre* (El mundo invisible y la guerra), etc.

Otro promotor del espiritismo muy activo fue Gabriel Delanne, ingeniero de temperamento racional y científico, nacido en una familia espírita, que dedicó su vida y su trabajo a esta doctrina. Su madre era una médium capaz de escribir bajo la inspiración directa de los espíritus. La obra de Delanne es también muy vasta: *Le Spiritisme devant la science* (El espiritismo ante la ciencia), *Le Phénomène spirite* (El fenómeno espírita), *La Réincarnation* (La reencarnación), *L'âme est immortelle* (El alma es inmortal) y muchos otros títulos.

Pierre-Gaétan Leymarie es otra personalidad muy importante del movimiento que no puede pasarse por alto. Después del golpe de Estado de Napoleón III, P. G. Leymarie tuvo que exiliarse a Brasil debido a sus ideas republicanas. Se convirtió al espiritismo y fue el promotor de la doctrina de Allan Kardec en este país. Además, fundó la Sociedad Científica de Estudios Psicológicos y durante varios años fue director de la *Revue Spirite* (Revista Espírita).

La Iglesia y la ciencia con respecto al espiritismo

La ciencia oficial se había alineado desde el principio con los detractores del espiritismo. Influenciados por este posicionamiento, los científicos que habían manifestado públicamente su adhesión a los fenómenos espiritistas y a la doctrina de Allan Kardec sintieron la necesidad de dar una explicación que pudiera ser aceptada por la razón y la lógica.

Situándose a medio camino entre los detractores extremistas del espiritismo y los ingenuos cuya credulidad les hacía ver espíritus en todas partes, efectuaron una serie de experimentos con los médiums más famosos de la época (Delanne, Eusapia Paladino, Florence Cook, etc.).

Fueron tomadas todas las precauciones posibles para evitar las supercherías. Los efectos ya conocidos (golpes, desplazamientos de objetos, materializaciones, etc.) se produjeron en repetidas ocasiones bajo sus miradas sin que fuera posible sacar conclusiones puramente científicas o naturales. Ante estos resultados, declararon que para los fenómenos espiritistas no había otras explicaciones que las que resultaban de la teoría del periespíritu formulada por Allan Kardec.

Otros sabios e investigadores que aceptaban la idea de los acontecimientos fantásticos observados, pero que se negaban a abandonar la lógica de los fenómenos naturales, fundaron la ciencia metapsíquica, cuyo objeto es el estudio científico de los fenómenos paranormales y cuya rama más conocida actualmente es la parapsicología. Sin embargo, esta disciplina conduce más bien a conclusiones filosóficas que a postulados científicos propiamente dichos.

La polémica que opone la ciencia al espiritismo tiene, según Allan Kardec, una interpretación posible. La física y la filosofía no pueden hallar una explicación satisfactoria a ciertos hechos extraordinarios. Así, los sabios se pronunciaron: atribuyeron a la superchería, o a desequilibrios nerviosos de ciertas personas, lo que, según ellos, no es más que un cúmulo de disparates. En cambio, para otros científicos que supieron buscar con obstinación y paciencia la verdad de los hechos, es evidente que estos fenómenos constatados en diversas ocasiones, ya sea por curiosidad, ya por diversión, están provocados indiscutiblemente por una causa inteligente: los espíritus.

Precisamente esta causa «inteligente» es lo que los partidarios de Allan Kardec celebraron como la gran intuición del apóstol del espiritismo, la base sobre la que se pudo desarrollar la doctrina que los sabios se niegan a aceptar. La ciencia moderna, racional y positiva, no puede reconocer la existencia de vías que conduzcan al mundo sobrenatural. Para estos sabios, el hecho de admitir que los fenómenos espíritas se deben a una voluntad y un pensamiento sobrehumanos significa regresar al oscurantismo, a las épocas mágicas y prelógicas de la humanidad.

Pero el gran mérito del espiritismo es justamente el hecho de que, por vez primera en la historia de la humanidad, se haya intentado formular una explicación para descubrir el misterio de la evocación de las almas de los difuntos y, en general, de todos los contactos con el más allá, privándolo del carácter oscurantista y mágico al que siempre había estado ligado.

Actualmente, la psicología, la biología y otras ramas del saber no niegan la existencia de fuerzas misteriosas todavía desconocidas que no obedecen a las leyes físicas aceptadas y probadas. Sin embargo, en la explicación que da el espiritismo a ciertos fenómenos incomprensibles se aprecia, más que una declaración científica, un esfuerzo máximo de imaginación humana para vencer el miedo a la muerte y soportar la desaparición de los seres queridos. A la luz de la ciencia contemporánea, se percibe que en el origen de las creencias espíritas existe un fenómeno ancestral de carácter religioso más que el embrión de una teoría científica, imposible de controlar con los conocimientos de los que se dispone actualmente.

¿Qué enseñan los espiritistas? La existencia de un Creador supremo, infinitamente bueno y justo; la de un alma inmortal en el hombre; la promesa de una vida futura, con las penas o las recompensas merecidas después de la muerte. ¿Qué postulados morales preconizan? Ante todo el amor a Dios; el amor al prójimo y a toda la Creación; la igualdad entre los hombres; la bondad, la caridad...; es decir, los mismos principios éticos prescritos por todas las religiones. Paradójicamente, la reacción de la Iglesia frente al credo espírita fue de rotundo rechazo desde el primer momento.

La Iglesia católica y romana en particular, a pesar de reconocer públicamente que varios de los hechos presentados por los defensores y partidarios del espiritismo, salvo algunos casos de superchería, parecían indiscutibles, se negó a admitir que unas causas desconocidas que fueran más allá de las capacidades humanas —en otras palabras, los espíritus— tuvieran un origen que no fuera diabólico. Evidentemente, no cabía esperar otra reacción por parte de quienes pretenden detentar el monopolio de la verdad universal. En 1854, el arzobispo de Quebec condenaba el espiritismo aduciendo el motivo siguiente: las almas de los bienaventurados no se privarán jamás, ni aunque sea por un instante, del inmenso placer de ver a Dios únicamente para satisfacer la curiosidad de los vivos. En cuanto a las almas de los condenados, no tienen ninguna posibilidad de acudir a las invocaciones puesto que están relegadas, para toda la eternidad, a los fuegos del infierno. ¿Quién, entonces, si no es el diablo en persona y sus infernales legiones podía ser la causa de estos fenómenos?

En 1861, el obispo de Barcelona ordenaba quemar más de doscientos libros y publicaciones varias que trataban sobre espiritismo pertenecientes al librero Maurice Lachatre, en presencia de un sacerdote y un notario. El día 24 de abril de 1917, en Roma, la Iglesia católica emitía su condena inapelable y pública en los términos siguientes.

> **Del espiritismo**
>
> En asamblea plenaria, a los eminentísimos y reverendísimos cardenales, inquisidores generales de la fe y las costumbres, les fue preguntado: ¿está permitido, con la intermediación de los médiums, que es como se les llama, o sin su colaboración, haciendo uso o no de la hipnosis, asistir a manifestaciones espíritas del tipo que sea, incluso con intenciones honestas de piedad?; ¿está permitido interrogar a las almas, o espíritus, o escuchar sus respuestas, en tanto que meros observadores, incluso afirmando tácita o expresamente no querer tener nada que ver con los malos espíritus?
>
> Los padres eminentísimos y reverendísimos respondieron negativamente a todos los puntos.

El 26 del mismo mes, el Santo Padre, Benito XV, aprobó la decisión de los eminentes padres que le había sido sometida. En varias ocasiones se sugirió la hipótesis de que la Iglesia católica había visto en el espiritismo un competidor potencial a su propio dogma. Pero el espiritismo en su forma original es más universal: nunca ha estado ligado a cultos o ceremonias rituales; nunca ha querido templos ni sacerdotes; preconiza la libertad de opinión y de pensamiento y, si se excluyen el conjunto de las enseñanzas que pueden derivarse de las manifestaciones de los espíritus, carece de dogmas irrefutables.

Pede seguirse cualquier fe religiosa, católica o protestante, hebrea o musulmana, y asistir igualmente a reuniones espíritas para entrar en contacto con los seres queridos que han dejado el mundo de los vivos, con el objetivo de asimilar todos los conocimientos que los espíritus pueden ofrecer sobre el más allá o también con la intención de estudiar y ahondar en los dogmas de la fe religiosa de cada uno.

Allan Kadec, que, como se ha visto anteriormente, admite los hechos narrados en la Biblia y en el Evangelio, la persona de Jesucristo y varios de los preceptos de la moral cristiana, no tuvo jamás la necesidad de oponerse a la Iglesia.

«El mayor enemigo de la religión —escribió en sus obras— es el materialismo, y este no tiene enemigos más encarnizados que el espiritismo. El espiritismo, que da al hombre la certeza de su destino, es el auxiliar más prodigioso de las ideas religiosas…»

Espíritus

Qué son los espíritus

Los espíritus son las almas de aquellos que han vivido en la Tierra, o en otros mundos, despojadas del cuerpo mortal y envueltas en un vehículo semimaterial o fluido que, en el lenguaje del espiritismo, recibe el nombre de *periespíritu*.

El hecho de admitir la existencia de un alma que sobrevive al hombre significa aceptar la existencia de los espíritus; la negación de la realidad de los espíritus equivale a rechazar la existencia del alma.

Durante la vida terrestre, el alma está rodeada por un «envoltorio» doble: el cuerpo material, destinado a la muerte y a la corrupción, y el cuerpo astral, o periespíritu, formado por una sustancia fluida semimaterial. Luego el hombre es un ser compuesto de tres elementos esenciales: el alma, el cuerpo y el periespíritu.

El alma es el principio inteligente que engendra el pensamiento y la voluntad. El cuerpo es el vehículo material que utilizan los seres del mundo espiritual para habitar el mundo de la materia. El periespíritu es un fino «envoltorio» que sirve de unión entre el alma y el cuerpo.

En el momento de la muerte, cuando el alma abandona el cuerpo, conserva el periespíritu.

Pese a que en el lenguaje común se utilizan indistintamente los términos *alma* y *espíritu*, en el contexto de la doctrina espírita la distinción es clara: el alma es el fragmento inmaterial de la inteligencia suprema universal, mientras que el espíritu es el alma y el periespíritu juntos.

El alma existe ya antes de la creación del cuerpo mortal y sobrevive después de su muerte. Cuando se encarna en la Tierra, no se aloja en un órgano específico del cuerpo humano, sino que vive en su totalidad, guiando y vivificando la materia. Después de la muerte, el alma conserva su individualidad; dicho de otro modo, conserva su pensamiento y voluntad propios, diferentes de los de otros espíritus.

Las manifestaciones espiritistas representan la mejor prueba de ello, ya que confirman no sólo la existencia del alma, sino también su supervivencia como individualidad en el más allá. Considérese por un instante que el alma se apagara al mismo tiempo que el cuerpo o que, al ser inmortal, se fundiera con un todo común imaginario, en donde otras almas fueran como gotas de agua en un océano: ¿en qué consistirá entonces la justicia divina?; ¿qué estimulará al hombre a seguir el camino del bien y a controlar los apetitos de su naturaleza mortal, sabiendo que después de la muerte su alma recibirá el mismo trato que la de un asesino, por ejemplo?

Cuando el cuerpo está todavía en estado embrionario, en el vientre de su madre, pese a que todavía se encuentra en el más allá, el alma que lo va a habitar empieza a fijarse, por medio del periespíritu, en una relación semimaterial con lo que se convertirá en su vehículo carnal. Esta relación se hace cada vez más intensa a medida que el cuerpo se va formando, pero la unión completa no tiene lugar hasta el momento del nacimiento.

En su nueva vida, el alma conserva el grado de saber y de perfeccionamiento que tenía antes de encarnarse; sin embargo, todavía no está en condiciones de manifestarlos ni de utilizarlos inmediatamente mediante el ser que acaba de nacer. Esto se producirá progresiva y paralelamente con el desarrollo de los órganos y de las capacidades intelectuales del ser adulto.

Este fragmento, o partícula, del principio universal absoluto que representa el alma es en ella misma vida e inteligencia, pensamiento y voluntad, en estado puro. El periespíritu pone a su disposición un vehículo, un instrumento que, por su naturaleza particular, puede actuar tanto en este mundo como en el más allá. El periespíritu, pese a ser invisible en su estado por parte de los mortales, a veces puede hacerse visible o incluso volverse corporal gracias a una especie de transformación molecular ordenada por el alma. Al desarrollar su teoría sobre el espíritu, Allan Kardec compara esta transformación con la condensación del vapor, que sólo es visible cuando está muy concentrado.

Mediante el periespíritu, el alma actúa sobre el cuerpo material mientras está en vida. Después de la muerte, aquella —principio inteligente— impone las manifestaciones de todos los tipos por los que los espíritus entran en contacto con el mundo de los vivos, pero el periespíritu es el encargado de ejecutarlos.

Diferentes categorías de espíritus o la escala espírita

Como se sabe, las almas de los difuntos no reciben inmediatamente la iluminación suprema y la sabiduría eterna por el simple hecho de abandonar el mundo de los vivos y entrar en el mundo espiritual. Es ilógico y contrario al principio de justicia el hecho de pensar que el alma de una persona que, en vida, fue malvada e ignorante puede transformarse instantáneamente en un espíritu sabio y virtuoso.

Del mismo modo que en los hombres se aprecian diferentes grados de inteligencia y una diversidad en el plano de la personalidad moral, en los espíritus también hay distinciones. Se deduce de sus comunicaciones que los espíritus, creados inicialmente todos iguales, se transforman, de modo que hay unos más evolucionados y otros más «atrasados». A lo largo del camino que lleva a la perfección, algunos progresan rápidamente, tanto en su paso por la Tierra como en sus vidas errantes en el espacio, mientras que otros, los más apegados a la materia y a los disfrutes terrestres, se debaten en su ignorancia y sus imperfecciones.

Los distintos grados de perfección y de purificación se reflejan en la escala espírita, que los propios espíritus han transmitido en sus mensajes. Esta escala aporta una clasificación con las principales características de cada grado, muy útil para una mejor comprensión. La escala espírita es, para los hombres, un modelo de camino por recorrer para llegar al objetivo supremo, y para los espíritas, constituye la clave que permite analizar las manifestaciones de los espíritus y valorar la confianza que pueden merecer. Una comunicación emitida por un espíritu de rango superior nunca podrá inducir a la confusión o al error, sino a la verdad suprema. Un mensaje que deja intuir el deseo, el sufrimiento, la sensualidad, sólo puede provenir de un espíritu de rango inferior. La escala abarca tres categorías principales: los espíritus imperfectos, los buenos espíritus y los espíritus puros. Partiendo de los niveles inferiores, se sigue un orden creciente porque los espíritus empiezan en el escalón más bajo de la clasificación y a partir de ahí se elevan hasta los estadios superiores.

Espíritus imperfectos o el tercer orden

En este nivel, la materia predomina sobre el espíritu: propensión al mal, a la ignorancia, al egoísmo, a los celos. Estos espíritus tienen la intuición de la existencia de Dios, pero no llegan a entenderla. Todavía no poseen una verdadera consciencia del mundo espiritual. Por lo general, en este nivel las ideas y los sentimientos son muy poco elevados. En la mayor parte de los casos, no se trata de espíritus intrínsecamente malos, pero el simple hecho de no practicar el bien prueba su inferioridad. El lenguaje que utilizan en sus comunicaciones es un síntoma del nivel poco elevado de sus pensamientos.

La contemplación de la felicidad de los buenos espíritus constituye para los espíritus imperfectos un verdadero tormento, porque a ellos esta dicha no les está permitida. Además, los recuerdos de la vida corporal les hacen sufrir: los remordimientos del mal cometido pesan en ellos y tienen la sensación de que deberán sufrir eternamente.

Entre los espíritus imperfectos se distinguen cuatro grupos principales: los espíritus impuros, los espíritus ligeros, los espíritus pseudosabios y los espíritus neutros.

Novena clase: los espíritus impuros. Están muy cerca del mar. En sus mensajes dan malos consejos, incitan a la discordia y a la desconfianza. Disimulan sus intenciones para engañar a los imprudentes. Les gusta inducir a los mortales al error para hacerles sufrir lo que ellos mismos están pasando. El lenguaje de estos espíritus se caracteriza por la grosería y la vulgaridad; el contenido de sus mensajes revela la bajeza moral de sus inclinaciones. Cuando se encarnan, tienden a abandonarse a los vicios y a las pasiones degradantes. En las poblaciones primitivas, los espíritus inferiores propiciaron el nacimiento de creencias en divinidades maléficas, demonios y genios malvados.

Octava clase: los espíritus ligeros. Son ignorantes, incoherentes, maliciosos y falsos. Responden a todas las preguntas sin preocuparse mucho de la verdad. Se divierten mucho causando problemas a los mortales, provocando su sufrimiento o su alegría sin motivo alguno. Dependen de los espíritus superiores y obedecen a sus órdenes. Tienen un fuerte apego por la materia y, a veces, son los responsables de las catástrofes que se producen en la naturaleza. Viven en el aire, el agua, el fuego, los objetos y las profundidades de la Tierra. Para manifestarse a los vivos, prefieren los objetos sensibles: dan golpes, desplazan objetos, etc.; por esto se les llama también espíritus palpitantes o perturbadores. El lenguaje que utilizan para la comunicación es casi siempre ambiguo, hecho de ideas críticas o sarcásticas, aunque a veces adoptan una actitud espiritual y pura.

Séptima clase: los espíritus pseudosabios. Pese a que en general tienen un conocimiento bastante amplio, creen saber mucho más de lo que en realidad conocen. Por esta razón, por la seriedad de sus mensajes y por el tono que emplean, estos espíritus inducen fácilmente al error. Mezclan verdades sin importancia con errores enormes, pero defienden sus propias afirmaciones con tenacidad y obstinación. Sus principales defectos son la presunción, el orgullo y los celos; su estado refleja las ideas y los prejuicios que dominan la vida terrestre.

Sexta clase: los espíritus neutros. No son ni suficientemente buenos para hacer el bien, ni suficientemente malos para causar el mal. A veces se inclinan hacia un lado, en ocasiones tienden hacia el otro, y necesitan tiempo y superar duros obstáculos para realizar progresos. Su inteligencia es comparable al comportamiento moral que los caracteriza. Todavía sienten la falta de placeres del mundo mortal.

Buenos espíritus o el segundo orden

En este nivel el espíritu se impone a la materia. Los buenos espíritus desean el bien y, según el grado que han alcanzado, algunos se distinguen por su experiencia y otros por su bondad. A las cualidades morales más elevadas añaden la sabiduría. Como todavía no están desvinculados de la materia, conservan con más o menos intensidad ciertos hábitos de su existencia corporal precedente, tanto en su lenguaje como en su comportamiento. Si no fuera así, serían espíritus perfectos. Entienden Dios y el infinito; gozan de la felicidad de los buenos, del bien que llegan a hacer y del mal que logran impedir. El amor que les une produce una inmensa alegría que no puede ser destruida ni por la envidia, ni por las desgracias, ni por las malas pasiones que atormentan a los espíritus imperfectos. Pero todavía les esperan varios obstáculos antes de que puedan alcanzar la perfección.

Como espíritus, inspiran buenos pensamientos, alejan a los hombres del mal y protegen a quienes son dignos de ello. Como seres encarnados en el mundo de los vivos, son buenos y caritativos con sus semejantes. No están dominados ni por el orgullo ni por el egoísmo, no se dejan llevar por la cólera, el rencor o la envidia y hacen el bien sin pedir nada a cambio. Son los espíritus que a veces se califican de protectores. Se dividen en cuatro clases: los espíritus caritativos, los espíritus cultivados, los espíritus prudentes y los espíritus superiores.

Quinta clase: los espíritus caritativos. Su principal cualidad es la bondad. Son felices sirviendo a los hombres y protegiéndolos, pero su saber es limitado. Se han perfeccionado más moral que intelectualmente.

Cuarta clase: los espíritus cultivados. Se caracterizan sobre todo por la amplitud de sus conocimientos. Se preocupan de los problemas de carácter intelectual más que de los morales; sin embargo, sólo utilizan sus conocimientos con fines útiles y nunca dejan lugar a las pasiones de los espíritus inferiores.

Tercera clase: los espíritus prudentes. Poseen las cualidades morales del orden más elevado. Pese a que sus conocimientos no son ilimitados, cuentan con una capacidad intelectual que les garantiza suficiente claridad en sus opiniones acerca de los hombres y de las cosas.

Segunda clase: los espíritus superiores. Poseen saber, prudencia y bondad. Su lenguaje siempre es benévolo, digno, elevado o incluso sublime. Dada su evidente superioridad, estos espíritus son los que más convienen para transmitir las ideas justas acerca de lo que concierne al mundo espiritual incorporal, naturalmente siempre dentro de los límites en los que le está permitido al hombre conocerlas. Se comunican espontáneamente con aquellos que buscan la verdad de total buena fe y están suficientemente desapegados de las cosas materiales para poder entenderlos. En cambio, eluden a quienes proceden movidos por la curiosidad o que se alejan de la práctica del bien debido a la influencia de la materia. Cuando se encarnan en la Tierra, lo hacen con un carácter excepcional, para realizar un perfeccionamiento: entonces se convierten en un verdadero ejemplo del tipo de perfección al que puede aspirar el hombre en este mundo.

Espíritus puros o el primer orden
En ellos, la influencia de la materia es totalmente nula, y su superioridad moral e intelectual con respecto a los espíritus de otros órdenes es absoluta. Han alcanzado la perfección más completa y no tienen que someterse a ninguna prueba ni expiación. No están sujetos a la reencarnación y disfrutan de la vida eterna: son los mensajeros y los ministros de Dios; ejecutan sus órdenes, siempre preocupados por conservar la armonía en el Universo. A su vez, pueden disponer de los espíritus inferiores, a los que ayudan en su camino hacia la perfección y a los que confían diferentes misiones.

Ayudan a los hombres que están en dificultades y los exhortan a hacer el bien y a expiar los errores que los alejan de la felicidad suprema. Se dividen en ángeles, arcángeles y serafines.

A pesar de que los espíritus hayan llegado al grado más alto de la evolución, los hombres pueden entrar en contacto con ellos. Hay quien cree, erróneamente, que los espíritus puros son «increados»: ciertas comunicaciones, que se reciben a veces y en las que los espíritus hablan de ellos mismos de esta manera, pueden inducir al error. Pero hay que saber interpretar las cosas: en efecto, los espíritus puros ya no se encarnarán y, por tanto, no serán creados como los hombres. Desde el origen de los tiempos, el único espíritu realmente increado es Dios y sólo Dios.

Espíritus en el más allá

Cuando el cuerpo se apaga, el alma y el periespíritu abandonan el vehículo mortal que les sirvió durante la vida terrestre. Allan Kardec compara esta liberación del espíritu que se separa de los vínculos carnales con la serpiente que se despoja de su propia piel, con el árbol que pierde la corteza, porque se deshace del cuerpo como de un «vestido inútil».

En la confusión que sigue al momento de la muerte, el espíritu se siente aturdido, como un hombre que se despierta después de haber dormido muy profundamente y tiene que hacer un gran esfuerzo para reconocerse en su nueva situación. Este despertar es dulce para los espíritus que durante sus vidas habían hecho el bien y, al contrario, para los que habían cedido a los instintos de la vida material está lleno de angustia e inquietud.

Cuando la muerte se debe a causas naturales, la separación del cuerpo es gradual. A veces, antes de que la vida haya cesado, la circulación del fluido vital administrada por el periespíritu se detiene progresivamente y los órganos del moribundo se degradan poco a poco. Cuando la circulación del fluido vital se interrumpe definitivamente y la muerte física tiene lugar, el espíritu, ya avisado del paso que le espera, se transfiere al mundo espiritual sin sufrimiento. Por el contrario, cuando la muerte se produce de manera imprevista o violenta, el espíritu está desprevenido y permanece trastornado por el cambio experimentado.

Durante un tiempo, a veces incluso años, el espíritu cree que puede seguir ocupándose de los problemas terrestres, como si todavía viviera en el mundo material. Este estado de confusión no se produce únicamente en caso de muerte violenta: a menudo, las personas que a lo largo de sus vidas se han entregado exclusivamente a los intereses materiales y a los placeres de los sentidos también se encuentran en la misma situación.

Después de la muerte, las almas erran en el espacio, muchas veces sin querer alejarse de aquellos a los que habían amado estando en vida. Así, igual que los espíritus encarnados en un cuerpo material forman la humanidad que vive en la Tierra, cuando están despojados del cuerpo representan un mundo invisible. «Si por un solo instante nos fuera posible levantar el velo que los oculta a nuestros ojos —explica Allan Kardec—, veríamos que estos espíritus forman a nuestro alrededor un verdadero pueblo.»

En el mundo espiritual, las almas tienen un conocimiento que puede compararse hasta un cierto punto al que obtiene el hombre mediante los sentidos. Pero, una vez liberadas de la materia, su capacidad de conocimiento se hace ilimitada. Es una sensación desconocida para el hombre:

las almas pueden ver y oír cosas que los ojos y los oídos humanos sólo pueden percibir en una medida mucho más atenuada e inferior. La oscuridad y la distancia no representan para ellas ningún obstáculo. En los espíritus, la comprensión representa un hecho directo, no requiere ningún esfuerzo, ni ningún proceso que se desarrolle en el tiempo, como les ocurre a los seres humanos.

En el mundo espiritual, el espíritu conserva sus sentimientos y afinidades con sus familiares y amigos de la Tierra, porque es eterno e individual. Los seres que en la vida nos han querido y han pasado su existencia a nuestro lado, continúan amándonos incluso después de la muerte y, con los medios de que disponen, intentan comunicarse con nosotros. Una vez en el más allá, el alma se encuentra no sólo con los seres queridos que ya habían llegado allí, sino también a muchos otros espíritus que había conocido en existencias anteriores, con los que había establecido una relación de afinidad. En particular, aquellos que la aman más intensamente acuden para recibirla cuando llega al mundo espiritual después de haber vivido una encarnación; luego, la ayudan a liberarse de los restos de la existencia material que acaba de abandonar. En el mundo invisible, según el grado de perfección alcanzado durante la vida terrestre, algunos espíritus conservan durante un cierto periodo las mismas ideas e inclinaciones que tenían en vida.

Aquellos que durante la vida corporal no pusieron en práctica los conocimientos y el nivel moral alcanzados en el transcurso de sus existencias precedentes se encarnan de nuevo en unas condiciones parecidas. En cambio, para los que han sabido mejorar cualquier cambio de situación, ya sea la muerte, ya un nuevo nacimiento, se produce siempre en un mundo moral más elevado. Una vez el espíritu se ha elevado a un cierto grado, le resulta imposible descender en la escala espírita. Pero el progreso en el camino de la perfección sólo es posible pasando por la vida material y las distintas pruebas que, en este mundo y en el más allá, pueden elevar y ennoblecer las almas.

En los intervalos entre las diferentes existencias corporales, los espíritus llevan una vida errante en cuyo transcurso el alma puede continuar perfeccionando su estado moral y aumentar sus conocimientos, reconocer los errores cometidos y cumplir las misiones que le han sido confiadas para su propio perfeccionamiento y para conservar la armonía universal de la creación.

Para el espíritu, la vida en el mundo de las almas puede ser mucho más ventajosa porque no existe ni la traba del cuerpo mortal ni la atadura con el espacio material. Hay espíritus errantes en todos los niveles de la escala, salvo en el primer orden. En efecto, los espíritus puros no pueden ser considerados como errantes porque, al haber alcanzado el estado supremo de beatitud eterna, ya no tienen que reencarnarse. Todas estas consideraciones —como en general es el caso para todos los conocimientos que pueden adquirirse durante la vida acerca del destino del alma después de la muerte— son el fruto de una teoría que nace no de la imaginación humana, sino del estudio de las comunicaciones recibidas del más allá y del análisis de los mensajes de los espíritus.

Médiums

El médium es una persona sensible al influjo de los espíritus. Esta facultad le permite recibir y transmitir comunicaciones, actuando como intermediario entre el mundo corporal y el espiritual. Las facultades del médium no son un privilegio exclusivo y no tienen carácter sobrenatural. Originariamente, todos los hombres poseen esta capacidad, más o menos desarrollada; sin embargo, sólo puede calificarse de médiums a quienes logran obtener unos efectos evidentes y de una cierta intensidad.

Los médiums han existido siempre, en todas las épocas de la historia de la humanidad, y muchas veces la ignorancia que los rodeaba es lo que los convirtió en santos capaces de obrar milagros o en brujos acusados de pactar con el diablo. El espiritismo, iluminado por las enseñanzas de los propios espíritus, es lo único que ha conseguido revelar el verdadero carácter de las facultades aparentemente extraordinarias de los médiums y explicarlas sin salir del marco de las leyes naturales. Gracias a ciertas cualidades que están más desarrolladas en su organismo que en el de otras personas, el médium tiene una facilidad innata y muy acentuada para recibir y asimilar la acción de los fluidos del periespíritu de las almas descarnadas. Esta capacidad puede ser desarrollada con la experiencia y es independiente de las cualidades morales del individuo, si bien los espíritus superiores prefieren comunicarse con los vivos, en la medida de lo posible, mediante un médium cuyas aspiraciones morales sean particularmente elevadas. Pero, en la Tierra, existen muchos casos de personas totalmente indiferentes a su propio progreso espiritual que tienen unas facultades mediúmnicas excepcionales. Las facultades mediúmnicas también son, como todas las demás que poseen los seres humanos, un don de Dios. El Creador no ha querido privar a los hombres de la posibilidad de entrar en comunicación con las almas de quienes los han precedido; es más, ha querido permitirles conocer la vida futura y la existencia espiritual.

En muchas personas, el influjo de los espíritus actúa espontáneamente, sin que al principio ellas sean conscientes de sus poderes o se den cuenta de que algo insólito pasa a su alrededor. Estas capacidades pueden manifestarse a cualquier edad, aunque por lo general ya se evidencian en los primeros años de la infancia. En este caso, son médiums naturales, como los define el espiritismo para distinguirlos de los otros médiums (facultativos), que han desarrollado sus propias facultades mediante la práctica y que producen fenómenos espíritas por su propia voluntad.

Los médiums naturales causan principalmente efectos físicos, como los golpes, la levitación, los desplazamientos de objetos, las materializaciones, etc. En general, estos fenómenos tienen lugar sin que intervenga la voluntad del médium e independientemente de las circunstancias.

Frecuentemente, a la larga, las manifestaciones físicas espontáneas (generalmente provocadas por los espíritus inferiores propensos a las bromas o con ganas de molestar a las personas) resultan fastidiosas y desagradables para quienes están obligados a soportarlas. También puede haber un cierto riesgo físico para el médium, que corre el peligro de ser la víctima accidental de sus propios efectos, especialmente cuando son niños de muy corta edad. En algunas ocasiones, el peligro se extiende a las personas próximas al individuo dotado de facultades mediúmnicas, en concreto en el caso de sujetos que, al no tener ninguna relación con el espiritismo, pueden obsesionarse con la idea de que el lugar o la persona que provocan los fenómenos están poseídos por el demonio.

Debido a estas circunstancias, ocurre a menudo que lo que no es más que una simple facultad natural que se presenta precozmente y de una manera muy desarrollada se confunde con los síntomas de una enfermedad física o mental. Es muy probable que un estado de debilidad orgánica pueda contribuir a acentuar las cualidades innatas de un médium, pero sin que esto sea la causa principal. La enfermedad puede aparecer, incluso en médiums muy expertos, si abusan de sus propias facultades, ya que un desgaste excesivo del fluido vital conlleva la debilitación de los órganos del cuerpo humano.

El médium no presenta ninguna característica exterior y, muy a menudo, esto puede llevar a confusión. De todos modos, cuando las facultades mediúmnicas se manifiestan espontáneamente y con una intensidad notable, lo más prudente es dejar que el fenómeno siga su curso natural. Un médium que tenga la experiencia y los conocimientos suficientes puede afrontar los espíritus perturbadores y controlar sus intenciones. La solución se presenta casi siempre cuando un médium natural se transforma en uno facultativo: entonces aprende a comunicarse con los espíritus y a producir los efectos por su propia voluntad y, a consecuencia de ello, las manifestaciones espontáneas tienden a desaparecer. Además, las facultades mediúmnicas se modifican con el paso del tiempo y se van haciendo cada vez más raras a medida que el médium envejece, hasta desaparecer definitivamente.

El médium es el intermediario entre los dos mundos

Las facultades del médium se derivan de su propia naturaleza y se desarrollan en su organismo. Sin embargo, los espíritus reconocen que estas facultades constituyen para el médium un don precioso gracias al que podrá convertirse en intermediario entre el mundo material y el invisible. Aquellos que, pese a su buena disposición anímica, no logran desarrollar suficientemente estas facultades, incluso haciendo esfuerzos intensos y constantes, no quedan privados de comunicaciones con el más allá, ya que siempre podrán recibirlas con la intermediación de otro médium más capacitado. La mediumnidad depende esencialmente de la estructura física del organismo. La falta de una cierta aptitud puede verse compensada por la capacidad de cumplir otras funciones. La medicina nos enseña que una de las principales características de la mediumnidad consiste en la pasividad y la receptividad: si un organismo presenta grandes capacidades para la acción física, probablemente será preferible que colabore con un médium, recurriendo a la hipnosis, antes que actuar como médium él solo. Con respecto a los espíritus, el médium tiene la capacidad y el potencial de comunicar, pero la decisión y la voluntad de manifestarse dependen únicamente de los seres del más allá. Cuando los espíritus rechazan a un médium, este último no puede imponer su voluntad y atraerlos, ya que cualquier esfuerzo será inútil. Además, incluso los médiums más dotados pueden ver interrumpidas sus capacidades a veces durante meses.

Una vez separados de la materia a causa de la muerte, los espíritus no pueden intervenir en el vehículo corporal de la naturaleza viva, a no ser que tengan la posibilidad de ejercer su propia voluntad sobre un elemento material. La intervención de un ser vivo, el médium, cuya fuerza del fluido periespiritual es utilizada por seres descarnados, es absolutamente indispensable.

En definitiva, el médium posee la facultad, mientras que el espíritu cuenta con la voluntad y la acción. Cuando se trata de efectos como la transmisión de pensamiento u otros fenómenos parecidos, esta relación puede explicarse sin dificultad y quizás incluso al margen del espiritismo. En cambio, si son fenómenos físicos, la explicación es más compleja. ¿Qué ocurre, por ejemplo, por citar uno de los efectos más característicos del espiritismo, con el fenómeno de las mesas que se mueven? Allan Kardec formuló la pregunta a los espíritus y, después de largas sesiones, obtuvo la explicación: los espíritus no poseen ni músculos ni manos para actuar directamente sobre la mesa y aún menos pueden darle vida, porque ningún espíritu puede animar la materia inerte por sí solo. Son los médiums quienes le irradian la energía de su propio cuerpo.

Los espíritus utilizan de inmediato esta energía para dar propiedades de animación a los objetos físicos. Los fenómenos espíritas dependen, pues, del pensamiento y de la voluntad de los espíritus, pero sólo pueden materializarse en la realidad visible gracias a la fuerza vital emanada por el organismo del médium. Los espíritus no pueden obtener este flujo de energía de las fuerzas del cosmos o de la naturaleza: parece necesario que el fluido vital esté enriquecido por la vida física del hombre.

En la Tierra, los espíritus encuentran los elementos simples de la materia y, mediante el fluido del periespíritu, pueden producir una condensación del mediúmnico que permita contraer o dilatar los cuerpos materiales según su voluntad.

Los fenómenos espíritas son el resultado de las combinaciones de los fluidos del espíritu y del médium y, dado que ambos son elementos de origen material, no hay que sorprenderse si, en ciertos casos, la comunicación es negativa o imposible. Haciendo la función de intermediario en manos de los seres del mundo invisible el médium puede ser más conveniente a unos espíritus que a otros. Asimismo, en razón de la diversidad de la constitución de cada uno, un médium puede ser elegido para un tipo determinado de comunicación, mientras que otro, quizá más dotado, obtendrá efectos diferentes. Para que un espíritu pueda aprovechar las facultades de un médium debe haber entre ellos una cierta afinidad o identidad: si no existe ninguna corriente de simpatía, puede producirse una especie de rechazo que haga imposible la comunicación. En algunos casos, esta asimilación de fluidos entre ciertos espíritus y médiums resulta totalmente imposible. Sin embargo, no se descarta que a la larga pueda restablecerse la comunicación, después de varias tentativas.

Los espíritus pueden manifestarse de dos maneras: por efectos físicos o por comunicaciones inteligentes. Los efectos físicos son manifestaciones materiales sensibles, mientras que en los inteligentes existe una transmisión de pensamiento por medio de signos, palabras, ruidos y, sobre todo, la escritura.

En general, todo médium posee una aptitud particular para un tipo determinado de fenómenos y, por consiguiente, hay tantos tipos de médium como de manifestaciones.

Esta especialización de los médiums explica con frecuencia las dificultades que surgen en el momento de poner en práctica las facultades de cada uno.

Allan Kardec elaboró una clasificación en la que catalogó las aptitudes de los médiums para los diferentes tipos de transmisiones.

Los *médiums con efectos físicos* son aquellos cuyas facultadas tienden a producir fenómenos claramente materiales. Pertenecen a esta categoría los médiums *naturales* —o espontáneos— y los médiums *facultativos*, que tienen plena consciencia y conocimiento de sus propios poderes y provocan, en consecuencia, los fenómenos espíritas por su propia voluntad.

Los efectos físicos más simples son los desplazamientos de cuerpos o de objetos inertes, los ruidos y golpes producidos con objetos, etc. En esta categoría de médiums es necesario efectuar una subdivisión entre los médiums *motores* (que provocan los movimientos), los médiums *tiptólogos* (que causan los ruidos) y los médiums de las *apariciones*, especializados en la producción de apariciones y materializaciones.

Para transmitir y recibir las comunicaciones, los médiums que Allan Kardec definió como *médiums con efectos morales* son los más convenientes. Según la aptitud particular que manifiestan para una forma específica de recepción y transmisión, están clasificados como médiums *dibujantes*, médiums *parlantes* (que transmiten las comunicaciones oralmente), médiums *inspirados* (que, en estado de éxtasis o normal, perciben pensamientos ajenos a sus propias ideas), médiums *videntes* (que poseen la facultad de ver en el alma de las cosas y las personas ausentes como si estuvieran presentes), médiums *sensitivos* (que sienten la presencia de los espíritus por una vaga impresión, una «especie de rozamiento del cuerpo»), médiums *auditivos* (que perciben interior o exteriormente las voces de los espíritus), médiums *curadores* (capaces de sanar las enfermedades del cuerpo por medio del tacto, de la mirada o de un simple gesto), médiums *psicógrafos* (que reciben comunicaciones escritas), etc.

De todos los medios de comunicación que utilizan los espíritus para transmitir sus mensajes, la escritura es sin duda el que presenta aspectos más interesantes. La transmisión de ideas y pensamientos —el «diálogo»— con los seres descarnados resulta mucho más simple y directa con este método. Para la *tiptología*, después de haber establecido un significado convencional para los golpes, pueden utilizarse casi todas las letras del alfabeto y formar palabras y frases o, más simplemente, obtener respuestas afirmativas o negativas. Pero este sistema, bastante primitivo, no facilita las comunicaciones largas.

Al principio, para obtener mensajes escritos, se utilizaban objetos pequeños a los que se les aplicaba un lápiz (por ejemplo, trípodes en miniatura u otros instrumentos de este tipo). En la sesión, el médium y los participantes apoyaban las manos sobre el objeto, y el espíritu escribía. Más tarde, se descubrió que ciertos médiums eran capaces de escribir directamente con la mano, dirigidos por los espíritus.

A lo largo de estas comunicaciones, el médium psicógrafo puede conservar una vaga consciencia de lo que está escribiendo o también no tener ningún recuerdo de lo que ha escrito. La doctrina espírita explica de la manera siguiente cómo se produce la transmisión entre el pensamiento de los espíritus y la acción del médium: el espíritu puede actuar directamente, mediante el fluido del periespíritu, sobre el instrumento o sobre la mano que sujeta el lápiz, gracias a la ayuda que recibe del fluido energético del médium. Este proceso se lleva a cabo cada vez que, de una manera u otra, interviene en las comunicaciones un elemento corporal. Pero la asimilación entre la voluntad o el pensamiento del espíritu y el alma encarnada del médium también puede establecerse de manera directa porque se trata de sustancias parecidas. En este caso, se produce una asimilación entre el alma del médium y el espíritu descarnado, y es aquella la que dirige los movimientos mecánicos de la mano para componer la escritura. Esto explica el hecho de que, frecuentemente, un médium pueda expresarse en un idioma que no sabe o recibir un mensaje cuyo contenido es superior a sus capacidades intelectuales.

Riesgos de la mediumnidad

Allan Kardec recomienda insistentemente a los médiums no obviar el estudio de la doctrina de los espíritus cuando estos ejercen y desarrollan sus facultades. Además, los exhorta a no infravalorar los riesgos que la práctica del espiritismo puede comportar. El conocimiento y las reflexiones frecuentes acerca de las relaciones con el más allá y de los fenómenos de la mediumnidad evitan muchos errores y preservan de las consecuencias nefastas del espiritismo práctico. Estas consecuencias no afectan solamente a la persona que, durante la sesión, actúa como médium, sino a todos los espíritus en general. El médium, no obstante, es quien está más expuesto a estos peligros, y el riesgo puede estar referido al plano moral, físico o psíquico del individuo. La cualidad principal del médium no es —como se puede pensar— la facilidad con la que obtiene las comunicaciones; para el espiritismo, es mucho más importante que el médium tenga cualidades morales elevadas y, por esto, sólo atraiga a los espíritus superiores y reciba únicamente buenas comunicaciones aunque, para conseguirlo, tenga que superar grandes dificultades. De todos modos, incluso un médium con imperfecciones bastante importantes puede recibir las manifestaciones de los espíritus superiores, que se dirigirán a él para transmitirle sabias advertencias y consejos acerca de su vida. Los médiums que ignoran estas recomendaciones y no hacen nada para corregirse acabarán convirtiéndose, tarde o temprano, en presas de espíritus más bajos, que pueden comprometer su perfeccionamiento espiritual o incluso su vida material en este mundo.

A veces, los propios espíritus causan trastornos a los mortales para poner a prueba la perseverancia del individuo, médium o no.

En lo que concierne al orden moral, el enemigo principal de un buen médium es el orgullo, el sentimiento que le hace creer ciegamente en su superioridad e infalibilidad. El médium orgulloso acaba convenciéndose de su propia importancia y se jacta de que sus facultades son un privilegio exclusivo que lo distingue. Los espíritus inferiores, falsos y perturbadores, a veces dan a modo de firma al final de sus comunicaciones el nombre de un personaje ilustre o ejemplar, que hace equivocarse a los médiums orgullosos. En una comunicación que concluye con la «firma» de Jesucristo, san Luis, etc., un buen médium adopta por principio una actitud escéptica. Está convencido de que sus cualidades personales no le permiten merecer la atención de los espíritus más sabios y más perfeccionados. Deja a un lado su amor propio y se somete voluntaria y gustosamente a la crítica de terceros.

Uno de los obstáculos más graves que interfieren en el ejercicio positivo de las facultades mediúmnicas es la obsesión, que puede estar provocada por un espíritu malintencionado o por la negligencia del propio médium. Este último deja su alma completamente abandonada a un espíritu dominador que se impone con nombres apócrifos y le impide comunicar con otros espíritus. La obsesión puede alcanzar varios grados de intensidad según los individuos.

En su forma más atenuada, que Allan Kardec define como *obsesión simple*, su acción se limita la mayor parte de las veces a unas interferencias pasajeras y de débil intensidad. El médium es plenamente consciente de que un espíritu embaucador intenta monopolizar sus facultades. Se da cuenta fácilmente de que las comunicaciones están desprovistas de interés real y entonces puede intentar deshacerse del influjo negativo. En general, esto se logra interrumpiendo las sesiones por un tiempo, para que el espíritu perciba que se le han visto las intenciones. La suspensión de las sesiones deberá durar hasta que el espíritu, harto de la indiferencia del médium, acabe retirándose.

Cuando el espíritu dominador consigue ganarse la confianza del médium, la perturbación dura mucho más tiempo y puede desembocar en un estado de obsesión permanente y crítico. Allan Kardec llamó a este grado intermedio de la obsesión *fascinación obsesiva*. El médium que la sufre es víctima de una susceptibilidad excesiva y es incapaz de analizar objetivamente las comunicaciones que recibe. En muchas ocasiones se vuelve celoso de los otros médiums, a los cuales intenta imponer su pretendida autoridad moral. Dado que no soporta las críticas, puede adoptar actitudes extremadamente ridículas y comprometedoras.

Si el espíritu se impone al médium usando todas las formas de constricción posibles, morales y físicas, este último cae en un estado de *sumisión obsesiva* comparable a lo que antaño se definía como *posesión*. En estas condiciones, los médiums se abandonan a unos movimientos y unos gestos descoordinados que no pueden reprimir. Gritan y sueltan injurias y exclamaciones sin ningún control. Esta excitación particular no puede ser curada con los métodos convencionales que se utilizan para tratar la locura patológica y todavía menos con el exorcismo o cualquier otra fórmula terapéutica. La obsesión espírita está causada siempre por una fuerza externa al individuo; por consiguiente, es necesario liberar a la persona en cuestión del influjo del espíritu dominador. Para hacerlo, debe entrarse en comunicación con este espíritu en el transcurso de una reunión de personas muy expertas, capaces de dirigirse a él para hacerle reflexionar.

Los riesgos que comporta el ejercicio de las facultades mediúmnicas amenazan a todos los médiums de la misma manera, independientemente del grado de perfección alcanzado en el desarrollo de estas facultades.

Las manifestaciones espíritas se prestan a varias supercherías y engaños. A veces los espíritus actúan con ligereza, comprometiendo al médium y a los otros participantes de la sesión, pero también muy a menudo es el propio médium quien, para salvaguardar su reputación, recorre a la simulación o la mentira.

En 1857, en su *Livre des médiums* (Libro de los médiums), Allan Kardec dedicaba el último capítulo de su obra a los charlatanes y a los inevitables mentirosos que existen en el mundo del espiritismo práctico. Esto ocurre frecuentemente cuando en la sesión participan personas que asisten solamente por curiosidad y están dispuestas a creérselo todo. Los efectos físicos, así como los inteligentes más simples, como los desplazamientos, los golpes, los ruidos y la escritura directa, son relativamente fáciles de producir por un médium que posea una cierta habilidad y esté obsesionado por la idea de mantener el interés de los espectadores despierto y de ser objeto de su adulación. Para prevenir estas situaciones, que acaban dando argumentos a los detractores del espiritismo, lo más sensato y prudente es evitar, por principio, el entusiasmo que desemboca a menudo en fanatismo, observar los efectos con recogimiento y serenidad espiritual y analizar los hechos en función de la doctrina. Algunos médiums cometen más fácilmente el pecado de la avidez que el del orgullo o la vanidad y simulan facultades que nunca han tenido. Estas pretendidas facultades son utilizadas sólo con fines puramente lucrativos: son médiums *mercenarios* o médiums *de pago*. Afortunadamente, los fenómenos espíritas no pueden producirse mecánicamente: ni tan sólo los médiums más expertos pueden garantizar la presencia de un espíritu en un momento determinado. Por esta razón, las capacidades mediúmnicas no pueden ser transformadas en una profesión. Además, los espíritus evitan presentarse cuando se los evoca con intenciones de lucro y sólo se manifiestan si perciben una afección sincera y sienten una afinidad con el médium y los participantes en la sesión. El propio Allan Kardec, interesándose en el ejercicio de las facultades mediúmnicas con fines puramente económicos, concluyó: «... Cada vez que se lee el anuncio de sesiones de espiritismo con el precio de la participación, encontramos charlatanes o prestidigitadores más o menos bien preparados».

Desde los orígenes del espiritismo, los espíritus y la medicina se han pronunciado acerca de las posibles consecuencias provocadas por el ejercicio de las facultades mediúmnicas en la salud mental y física de quienes las practican.

El médium cumple sus funciones adoptando una actitud completamente receptiva, es decir, totalmente pasiva. El desarrollo de las facultades mediúmnicas comporta la anulación de la consciencia personal y de la voluntad. Al principio, el médium anula su propia consciencia durante periodos de tiempo limitados a la frecuencia y a la duración de las sesiones pero, después, poco a poco, este aniquilamiento se hace más persistente y cae en trance espiritual en cualquier lugar y en los momentos más inesperados. Por consiguiente, las comunicaciones con el más allá se hacen cada vez más numerosas y frecuentes. Para el médium, es cada vez más difícil recuperar el estado normal y su personalidad real.

Allan Kardec avisó a los espiritistas de las graves consecuencias que puede tener una imaginación muy excitable en el organismo de los participantes en las sesiones y, sobre todo, en el del médium. Este riesgo puede ser doblemente importante ya que los fenómenos producidos por el espiritismo afectan tanto la esfera mental del individuo como la moral. Se sabe el caso de un médium (un tal Standemaier) a quien una sola sesión de escritura automática bastó para causarle un delirio persistente e irreversible que le impidió volver nunca más a la normalidad.

Por lo que respecta a la salud corporal, los médiums especializados en la producción de fenómenos físicos se exponen a una pérdida continua del fluido vital, y esto puede causar una gran debilitación orgánica. Este peligro amenaza en particular a los médiums que se someten a extenuantes sesiones experimentales, en el transcurso de las cuales los participantes realizan todo tipo de pruebas para demostrar a terceros la inexistencia de engaños.

Hasta los médiums más fuertes y resistentes acaban siendo víctimas de alguna enfermedad corporal o de alguna alteración psíquica. León Denis, colaborador y continuador de la obra de Allan Kardec y autor eminente en el campo del espiritismo, dio la explicación siguiente a estos hechos: «Los fluidos pesados y nocivos de los espíritus inferiores alteran el estado general de salud del médium, comprometen su capacidad de juicio y su consciencia y, en ciertos casos, lo conducen a la obsesión y la locura». La medicina oficial, por su parte, se expresa en estos términos: «El espiritismo impone una contraeducación, debilita la voluntad, abre el espíritu de los adeptos a todo tipo de fantasías...» (Boudou, *Le Spiritisme et ses dangers* [El espiritismo y sus peligros]). «Las personas de carácter débil, agotadas por la vida diaria, se abandonan indiscriminadamente y sin ningún freno a la voluntad de los espíritus, dispuestas a someterse a todas las obsesiones...» (Dr. Viollet, *Le Spiritisme dans ses rapports avec la folie* [El espiritismo en sus relaciones con la locura]).

Son dos tipos de actitud totalmente inconciliables que pueden evitarse fácilmente si, antes de caer en la obsesión o el fanatismo, estos médiums y adeptos se detuvieran aunque fuera un solo instante para meditar acerca de las palabras serenas del fundador de la doctrina espiritista: «Las manifestaciones espíritas, del tipo que sean, no tienen nada de sobrenatural o de maravilloso... Se trata de fenómenos producidos en virtud de una ley que regula las relaciones del mundo invisible con el mundo visible, una ley completamente natural, como lo son las leyes físicas que explican los fenómenos de la electricidad o de la gravedad».

Comunicación con el más allá: las manifestaciones de los espíritus

Tomando como base las manifestaciones de los espíritus, la doctrina espírita confirmó la existencia del alma y su sobrevivencia en el más allá después de la muerte del cuerpo. En sus mensajes, los seres descarnados revelan las satisfacciones que sienten y los sufrimientos por los que pasan. Enseñan a los mortales que el estado de felicidad o infelicidad, así como el grado de sabiduría que se alcanza, dependen de la manera como se ha sabido aprovechar el periodo de paso por la Tierra, cuando se es preso del cuerpo material.

En cuanto a las penas futuras... o a las recompensas, la humanidad nunca ha ideado una argumentación mejor que la que proviene de los propios espíritus que están disfrutando las alegrías espirituales o están sufriendo. Incluso el proceso que hace posible la relación entre los dos mundos ahora ya ha dejado de ser un misterio para el hombre: la teoría del periespíritu explica la naturaleza de los espíritus y el carácter de las facultades de los médiums.

La producción de fenómenos espiritistas depende exclusivamente, como ya se sabe, de la asimilación más o menos absoluta entre el fluido vital del médium y el fluido del periespíritu del ser descarnado. Según las enseñanzas del espiritismo, esta afinidad se produce espontáneamente en ciertos casos y en otros no se establece hasta después de enormes esfuerzos. El espíritu es una voluntad que decide libremente y el médium es un simple instrumento que, voluntariamente o no, sirve de nexo de unión para la comunicación. Si la asimilación entre ambos es posible es porque no hay ninguna incompatibilidad entre los fluidos del periespíritu y entre las personalidades del médium y del espíritu en tanto que seres esencialmente morales; entonces el espíritu puede simplemente manifestarse o llegar a establecer una comunicación de ideas y de pensamientos con el médium y los participantes en la sesión de espiritismo.

Diferentes manifestaciones de los espíritus
La doctrina espiritista establece una distinción entre los hechos que corresponden a simples manifestaciones del ser espiritual y la forma de relación más profunda en la que se produce una verdadera comunicación, es decir, un intercambio o una transmisión de ideas y pensamientos.

La manifestación es un acto (un hecho, un fenómeno, una simple intuición) mediante el cual el espíritu revela su propia presencia a los mortales. Por una visión del médium, un ruido, un vaso que se desplaza o unas flores que se mueven, el espíritu les ofrece a los vivos una demostración tangible de su propia presencia. Los espíritus pueden manifestarse de diferentes maneras: con actos ocultos o «aparentes», espontáneos o provocados, mediante fenómenos puramente físicos o con acciones inteligentes. Su fin es atraer la atención de los mortales de la misma manera que un visitante —como dice Allan Kardec— hace ruido para avisar de su llegada. Según el carácter o la naturaleza de los fenómenos que se producen, el espiritismo agrupa las distintas formas o *manifestaciones* de los espíritus en siete categorías principales: ocultas, evidentes, físicas, inteligentes, aparentes, espontáneas y provocadas.

Acción oculta de los espíritus

Con los pensamientos que sugieren mediante ciertos influjos, los espíritus actúan sobre los hombres de manera oculta. A menudo, creemos actuar espontáneamente y según nuestra voluntad, cuando en realidad son los seres invisibles quienes inspiran nuestros actos mediante una sugestión espiritual.

La acción oculta de los espíritus opera directamente por medio de un contacto inmediato con el alma del ser encarnado. A veces estando despiertos, pero casi siempre mientras dormimos, nuestra alma se libera temporalmente de los vínculos carnales que lo encadenan al cuerpo material y se desplaza, por su propia iniciativa, en busca de los seres etéreos, sus verdaderos semejantes y hermanos.

En este caso, se produce una comunicación profunda, a lo largo de la cual ambas almas intercambian ideas y pensamientos, y el espíritu descarnado ofrece al alma del ser mortal sus consejos y sus enseñanzas. Estas recomendaciones son más o menos prudentes y oportunas y pueden impulsar al hombre a la sabiduría o al error y la confusión.

Por su lado, el alma es libre de hacer caso o ignorar estos consejos, y el espíritu no pretende imponer su pensamiento, sino únicamente inspirar y sugerir sus ideas. Por tanto, el hombre no pierde nunca su iniciativa personal ni su libre albedrío: puede actuar como él considera que debe hacerlo y seguir sus propios impulsos. Sin embargo, cuando pierde momentáneamente el contacto con la vida material, el alma se encuentra en un estado iluminado y este momento es idóneo para ella para recibir y comprender las sugestiones de los espíritus.

Posteriormente, cuando vuelve al cuerpo material, los consejos inspirados por el ser espiritual se confunden con su propio pensamiento y, en consecuencia, la acción de los espíritus pasa inadvertida. Pero si el individuo percibe una intuición espontánea, una inspiración que le hace actuar en un sentido que suele ser contrario a sus inclinaciones personales, puede descubrir fácilmente el influjo de una fuerza extraña. Ante un acontecimiento de estas características, que quizá cause una cierta inquietud, pero que puede ser analizada y explicada en el marco de la doctrina espiritista, el hombre debe distinguir, recurriendo a su consciencia y a su capacidad de juicio, el carácter positivo o negativo, prudente o arriesgado, de este impulso que intenta influir en sus propias acciones.

Las personas que poseen una visión del mundo basada en la doctrina materialista consideran los efectos de la acción oculta de los espíritus como una consecuencia de las ideas inconscientes que están en el espíritu de todos los hombres. Con una actitud radicalmente opuesta, los espíritus apasionados, que atribuyen a la acción más insignificante la inspiración de los seres del más allá, caen en el exceso contrario y pecan de presunción (creen que los espíritus están siempre a su disposición). Y esto puede ser aún más grave y mucho más peligroso que la inocente ignorancia de los simples y los ingenuos que están dispuestos a creérselo todo.

Manifestaciones evidentes

Son diferentes de las acciones ocultas, ya que se trata de fenómenos provocados por los espíritus y que el hombre percibe por medio de los sentidos.

Las manifestaciones evidentes abarcan todos los fenómenos espíritas, sean de la forma que sean: los hechos puramente físicos, los actos que revelan la presencia de una inteligencia y las visiones y las apariciones, tanto si se trata de fenómenos espontáneos por iniciativa de los espíritus como si son provocados por la intervención de un médium y de las personas reunidas en la sesión.

Manifestaciones físicas

Los espíritus se manifiestan frecuentemente de una manera ruidosa, haciendo mover y desplazar objetos. En muchos casos, estos fenómenos se producen espontáneamente, mientras que en otros constituyen una señal por la cual el espíritu responde a la invocación. Independientemente del carácter espontáneo o provocado de los fenómenos, las manifestaciones puramente físicas producidas por los seres invisibles no tienen, por lo general, un fin concreto. Se trata de un recurso para captar la atención de los vivos y convencerlos de la existencia de una vida futura y del mundo espiritual.

Los efectos más característicos provocados por los espíritus son los golpes, los ruidos y los desplazamientos de objetos. A veces, estos objetos son la causa de un verdadero zafarrancho que puede llegar a preocupar mucho a las personas que se ven obligadas a soportarlos. Los fenómenos de este tipo permiten detectar en las personas unas facultades mediúmnicas ignoradas (médiums naturales). No debe olvidarse que, en general, los espíritus inferiores son los más propensos a estas manifestaciones. Del mismo modo que los médiums, en la medida en que desarrollan sus facultades y se ejercitan en la obtención de comunicaciones directas y más profundas, pierden con el tiempo la facilidad de provocar fenómenos físicos, los espíritus por su parte también abandonan este tipo de efectos y adoptan otras formas de comunicación, menos espectaculares pero más eficaces, cuando dan con una sesión en donde participan personas receptivas y ávidas de progresar.

Los fenómenos físicos que se manifiestan en las sesiones de espiritismo atraen a un importante número de curiosos pero también son, para un espectador más maduro y reflexivo, la revelación de una fuerza superior que intenta despertar en el ser humano una inquietud y una búsqueda de profundidad en el conocimiento del mundo espiritual.

Manifestaciones inteligentes

Por su forma o su contenido, las manifestaciones inteligentes revelan la acción de un ser inteligente que las provoca. Allan Kardec recuerda en sus obras que él mismo y otras personas instruidas y sabias habían empezado a investigar los fenómenos todavía inexplicables. Estas investigaciones permitieron formular la teoría espírita.

Los fenómenos más comunes que se producían en la época eran los siguientes:

— golpes en respuesta a preguntas hechas, fácilmente comprensibles gracias a un alfabeto convencional (un golpe para las respuestas afirmativas y dos para las negativas);
— mesas que se levantaban del suelo y sólo se apoyaban en una o dos patas cuando se les preguntaba;
— objetos que se desplazaban e iban hacia una persona determinada;
— ruidos que seguían un ritmo musical, etc.

En un primer momento, estos hechos podían haber sido explicados imaginando una causa puramente física, como el resultado de un flujo de corriente eléctrica o magnética, o por la acción de un fluido que la ciencia todavía no conocía.

Pero cuando pudo demostrarse que se trataba de hechos inteligentes, no se hallaron otras soluciones que aplicar un principio conocido y reconocido por la ciencia: *todo efecto corresponde a una causa que lo provoca, y todo efecto inteligente debe corresponder a una causa inteligente*.

Hoy en día, gracias al espiritismo, se sabe que la causa de estos efectos son los espíritus, los seres que viven en el más allá, las almas descarnadas de los difuntos. Si las manifestaciones puramente físicas son, por ellas mismas, espectaculares —para captar la atención de la gente—, todavía lo son más las manifestaciones inteligentes, que despiertan el interés y la curiosidad de los hombres porque, por su propia naturaleza, dejan entrever que detrás de todo esto existe un ser inteligente con el que puede entrarse en comunicación. Un golpe, un ruido o un movimiento pueden producirse sin causa aparente (manifestaciones físicas) pero, si este golpe, este ruido, este movimiento o cualquier otro efecto se producen para obedecer a una orden o coincidir con otro hecho material en el tiempo y el espacio, si una mesa o cualquier otro objeto se dirigen hacia una persona, una imagen religiosa o una fotografía, entonces ya no se trata de fenómenos puramente materiales, sino que son signos o indicaciones, es decir, hechos provocados voluntaria y libremente por un ser inteligente.

Sabemos que el espiritismo evita y huye de los espíritus que actúan de una manera irreflexiva o por simple diversión. Puesto que el objetivo de los espiritistas es recibir las enseñanzas de seres del mundo invisible, aprender y entender a la perfección el largo camino del espíritu y explorar el destino del alma inmortal y la naturaleza de la condición humana en la Tierra, es evidente que las manifestaciones inteligentes de todos los tipos, y en particular de las que se obtienen por medio de la escritura, son las más interesantes que pueden producirse en las sesiones de espiritismo.

Manifestaciones aparentes

A veces, los espíritus se manifiestan al hombre en forma de apariciones corpóreas o incorpóreas, de imágenes alegóricas durante el sueño o de visiones y hacen que su presencia sea visible por medio del fuego o de una luz difusa. Todas las formas de manifestaciones posibles en las que el ser incorpóreo se hace total o parcialmente visible constituyen lo que los espiritistas denominan *manifestaciones aparentes*. Si dichas manifestaciones tienen lugar en presencia de un individuo despierto, se las llama *apariciones*, mientras que si los espíritus aparentes se presentan durante el sueño y provocan sueños, se trata de *visiones*.

La aparición es percibida por los ojos y se produce en el lugar en donde se encuentra la persona; en cambio, la visión sólo puede ser posible cuando las facultades sensibles del individuo están adormecidas (debido al sueño) o en estado de éxtasis o de videncia.

La ciencia atribuye a la imaginación la causa de los sueños y de las visiones. Se dice que son un resto de las preocupaciones del día de las que el espíritu intenta liberarse y un efecto de las fuerzas del inconsciente. Pero, entonces, ¿cómo se explica el hecho de que, durante estas visiones, una persona pueda aprender cosas, hechos, y ver individuos reales que nunca ha tenido la ocasión de conocer estando despierta? ¿De dónde provienen ciertas ideas y pensamientos que nunca se le habían pasado por la cabeza?

Según el espiritismo, el estado de videncia se produce debido a una afinidad entre el alma del individuo y el espíritu descarnado, de un modo parecido a la que se produce en la «acción oculta» de los seres invisibles en el hombre. El pensamiento humano es, en sí mismo, una forma de invocación dirigida a los seres queridos, una petición de ayuda a los espíritus superiores. A veces, es suficiente con un simple recuerdo, con un sentimiento que el individuo ni tan sólo consigue percibir, para que el espíritu de estas personas, vivas o muertas, acuda y responda a la llamada.

Las visiones que se tienen durante el sueño corresponden, pues, a unas personas o a unos espíritus reales, o, lo que es lo mismo, son verdaderas visiones, ni imaginarias ni delirantes. La visión puede corresponder a un estado actual de las cosas o de las personas, presentes o ausentes, a hechos del pasado o a unas imágenes que conciernen al futuro.

Las apariciones tienen lugar cuando el individuo está despierto y, en consecuencia, en posesión de todas sus facultades. La participación de los sentidos permite distinguir las *apariciones tangibles* (o corporales) y las *etéreas* (o vaporosas). Allan Kardec también llama a las primeras *apariciones estereognósicas* (del griego *stereos*, «sólido»), ya que se trata de incorporaciones palpables que pueden reconocerse al tacto y que presentan las mismas características que los cuerpos sólidos. En cambio, las apariciones etéreas o vaporosas son siempre impalpables.

Los espíritus utilizan el fluido vital del médium y también, si es posible, el de los participantes en la sesión. Asimilándolo a su propio fluido periespiritual y provocando una contracción o una densificación de la semimateria fluida, obtienen, según los medios de que dispongan y sus intenciones, bien una aparición corpórea, bien una imagen sin sustancia. A veces, se manifiestan simplemente en forma de llamas, de efectos visuales resplandecientes, más o menos luminosos, sin tener ninguna analogía con otros fenómenos de origen material posibles. En otras ocasiones, revelan el aspecto de una persona, conocida o no por los participantes, y forman una imagen incorpórea que el tacto no puede percibir y para la cual los cuerpos y los objetos sólidos que hay en la sala no constituyen ningún obstáculo. En ciertos casos excepcionales, la aparición llega a adoptar una forma corpórea y adquirir por un tiempo las propiedades de la materia sólida. En cambio, una aparición, que puede ser verificada fácilmente por los ojos, es fácilmente refutable por los incrédulos, que atribuyen la causa de los fenómenos espíritas a excitaciones de la mente o a enfermedades mentales. Pero todas las reservas se esfuman cuando los incrédulos se encuentran con una aparición que puede ser tocada o cuando es el propio ser aparecido quien acaricia o roza a los participantes.

Manifestaciones espontáneas y provocadas

Las manifestaciones de los espíritus pueden producirse de un modo espontáneo; dicho de otro modo, sin la voluntad, la invocación o el deseo de los vivos. Cuando, al contrario, los espíritus se manifiestan en respuesta a una invocación determinada mediante las facultades particulares de un médium facultativo, las manifestaciones se denominan provocadas.

■ Las manifestaciones provocadas se obtienen generalmente en las sesiones, cuando los participantes se recogen y apoyan el pensamiento del médium concentrado en la invocación. Pero también se da el caso de que los espíritus se manifiestan repentinamente, sin que por ello pueda deducirse que se trata de una aparición espontánea del espíritu descarnado. El pensamiento o el deseo insistente de una o varias personas a menudo puede producir el mismo efecto que una invocación: el espíritu acude a la llamada de los vivos y, por tanto, este no es un acto espontáneo de su propia voluntad.

Las manifestaciones espontáneas casi siempre tienen lugar en las casas habitadas. Actuando libremente, los espíritus aprovechan la presencia de personas determinadas que poseen facultades naturales muy desarrolladas y que pueden servir de médiums. Como se ha visto, las primeras manifestaciones espíritas fueron golpes dados espontáneamente en la granja de Hydesville, manifestaciones que revelaron las facultades de los médiums *naturales* que vivían en aquella casa, las hermanas Margaret y Kate Fox.

■ Los fenómenos espíritas espontáneos pertenecen a la categoría de las manifestaciones físicas y aparentes. En todas las épocas de la historia de la humanidad, la ignorancia del hombre ha sido sorprendida con frecuencia por manifestaciones inexplicables que se atribuían a los fantasmas y a los malos espíritus. Las crónicas locales de todas las comunidades comprenden cientos de episodios de este tipo: casas y lugares encantados, fantasmas errantes, etc.

El espiritismo ha tenido el mérito de revelar la verdad oculta detrás de estos hechos y, en varios casos, ha evitado que personas crédulas o un poco simples mentalmente cayeran en la superstición o incluso en la locura.

Comunicación con el más allá: el lenguaje de los golpes y la escritura espírita

Toda comunicación inteligente entre dos seres se produce mediante un intercambio de ideas y de pensamientos. Entre los hombres, el medio más inmediato es la palabra, es decir, la comunicación verbal. Pero la comunicación entre dos personas, ya sea verbal, ya escrita, puede resultar imposible si ambos interlocutores son incapaces de utilizar un lenguaje común, un idioma conocido por ambos. Para los espíritus, el idioma no representa absolutamente un obstáculo, porque tanto para expresarse como para recibir un mensaje se sirven de una transmisión, o *comprensión* de pensamientos o ideas. Los espíritus no están en modo alguno ligados a la palabra, que es una de las características del ser humano. El problema de la comunicación espírita consiste en encontrar un medio que haga posible el intercambio de pensamientos entre los mortales y los seres descarnados.

Hoy en día este medio está muy perfeccionado y tiene dos formas principales: por un lado, el lenguaje de los golpes *(titología)* y, por el otro, la escritura automática o escritura de los espíritus *(psicografía)*.

Las primeras veces, los espíritus se manifiestan a los vivos espontáneamente con golpes y ruidos. Hay que remitirse al diálogo de la señora Fox con el espíritu de Charles Ryan, que tuvo lugar en un momento en que el ser humano todavía no sabía nada de la existencia de los espíritus y de la doctrina espiritista. Este diálogo, que, por su importancia, está reproducido en la mayor parte de los libros de espiritismo y que también está citado por autores que no tienen nada que ver con esta doctrina, tuvo lugar en estos términos:

«Kate Kox se divertía golpeando la pared con la mano para oír la respuesta de los golpes en la pared. Entonces, la señora Fox tomó la palabra:
—¡Cuenta hasta diez!
»El golpe respondió y pudo oírse diez veces consecutivas.
—¡Ahora, dime cuántos años tiene Kate!
»Inmediatamente, sonaron doce golpes: la pequeña Kate tenía en efecto doce años en aquel momento. Sin perder la serenidad, la señora Fox continuó el interrogatorio:
—Si eres un ser humano, responde afirmativamente con un solo golpe.
»No obtuvo ninguna respuesta.
—Entonces, ¿eres un fantasma? Te ruego que no nos dejes en la duda. Si eres un espíritu, responde con dos golpes.
»Y sonaron dos golpes.»

El sistema de comunicación improvisado por la señora Fox demostró ser eficaz. Un visitante que llegó a la casa, muy interesado por la comunicación con el más allá, ideó un alfabeto rudimentario en el que a cada letra le correspondía un número de golpes. El sistema, permitió obtener respuestas más complejas que un «sí» o un «no», pero era lento y complicado. Durante años, este sistema de comunicación se mantuvo sin cambios.

Dado que las sesiones generalmente se celebraban alrededor de una mesa y que se había demostrado que los espíritus podían actuar sobre los objetos físicos, los golpes se transmitían también por medio de este mueble. Unas veces los golpes resonaban dentro de la madera, otras la mesa se levantaba y era la pata la que golpeaba en respuesta a las preguntas de los participantes. Algunos espiritistas utilizaban una mesa con una bandeja giratoria en la que estaban escritas las letras del alfabeto, como en un dial. Bajo el influjo del médium, la mesa giraba hasta que la letra se detenía en un signo o indicador. De este modo, podían formarse palabras y frases completas.

Güija u oráculo místico

Otro sistema basado en el mismo principio, pero aplicado con más talento, utiliza un pequeño instrumento concebido especialmente para la comunicación con los espíritus. Este utensilio, llamado *güija* o también oráculo místico, es una pequeña tabla con las letras del alfabeto y los diez primeros números (del 0 a 9). Sobre la tabla se coloca una pieza triangular apoyada en tres esferas de cristal, para facilitar su desplazamiento. El médium apoya las manos sobre la pieza móvil, y esta indica, en orden, las letras y las cifras para formar palabras, fechas, etc. La *güija* todavía se practica actualmente en algunos círculos espiritistas.

Un tiempo después, se llegó a la conclusión de que cualquier objeto que se usara para comunicarse con los seres del más allá no era más que un simple accesorio cuyo uso podía evitarse. Se observó que, de la misma manera que dirige el movimiento de un cuerpo inerte, el espíritu podía guiar directamente un brazo o una mano con un lápiz. Entonces, aparecieron los primeros médiums psicógrafos y, a partir de aquel momento, las comunicaciones entre los espíritus y los vivos empezaron a producirse con la misma facilidad que entre los mortales.

Actualmente, el hombre dispone de dos medios o tipos de comunicación efectivos gracias a los cuales puede establecer un verdadero «diálogo» con los espíritus: la *semiología*, o transmisión por medio de signos y señales, cuya rama más conocida y practicada es la *tiptología* (o lenguaje de los golpes), y la *psicografía* (o transmisión por medio de la escritura).

Últimamente, desde que se han difundido y perfeccionado los sistemas de grabación, una forma ya conocida desde hace mucho tiempo por el espiritismo —la *psicofonía*, o transmisión mediante la voz con la ayuda de un médium parlante— ha abierto la puerta a nuevas posibilidades desconocidas del espiritismo práctico y experimental.

Otras vías de comunicación inteligentes, como la transmisión directa del pensamiento, las visiones, las apariciones, etc., dependen casi siempre de la voluntad de los seres descarnados o de las facultades de ciertos médiums especializados.

Lenguaje de los golpes o *tiptología*

Forma parte, como ya se ha visto, de un grupo más amplio, la semiología. El lenguaje convencional por medio de signos y señales es sin duda el sistema de comunicación más elemental cuando no puede utilizarse la palabra o la escritura. Los espíritus pueden comunicarse con los vivos con golpes o movimientos indistintamente.

Varios médiums y espiritistas experimentados hablan con los espíritus teniendo en la mano algún objeto: un lápiz, una regla, una flor, etc. Apoyan los dedos en él cuando el espíritu invocado llega, el objeto se desplaza, gira hacia la izquierda o hacia la derecha, según una convención establecida previamente, indicando las respuestas afirmativas o negativas. Frecuentemente, el objeto no se limita a responder simplemente «sí» o «no», sino que se desplaza, por ejemplo hacia una de las personas presentes para indicar que habla de ella o que responde a sus deseos inconscientes. Otras veces, el objeto puede alzarse o quedarse inmóvil para expresar su conformidad o su irritación.

Hasta aquí, estas manifestaciones pertenecen al ámbito de la semiología. Hay señales inteligentes y respuestas evidentes que hacen que su comprensión sea posible gracias a un acuerdo previamente establecido entre el espíritu y sus interlocutores, aunque se trate de un diálogo hecho únicamente de preguntas que el médium plantea al ser invisible y respuestas que se limitan a una afirmación o a una negación.

En su forma más elemental, la *tiptología*, o comunicación por medio de golpes convencionales, no va mucho más lejos que cualquier otro sistema de transmisión basado en el uso de signos y de señales. Sin embargo, las respuestas dadas con golpes son las más claras y las que se prestan a menos confusión. En este sentido, la comunicación tiptológica está limitada pero no deja de ser un medio que ofrece mucha precisión y certeza, y esto explica el hecho de que, con las comunicaciones escritas y orales, sea el sistema más empleado en la historia del espiritismo.

Utilizando siempre la convención de un golpe para la respuesta afirmativa y dos para la negativa (o viceversa), pueden dividirse las contestaciones tiptológicas en dos grupos, según el origen o la procedencia de los golpes. Si estos últimos se producen a consecuencia del desplazamiento del objeto (por ejemplo, la pata de una mesa que se levanta y seguidamente golpea el suelo), se dice que es *tiptología por movimiento*. En los otros casos, es decir, cuando los golpes resuenan desde el interior del objeto o de la mesa, se trata de *tiptología interna*.

Las respuestas afirmativas o negativas obtenidas por medio de la tiptología por movimiento a veces son un argumento poco convincente; incluso los espiritistas han dudado de ellas en distintas ocasiones. Un golpe, un ruido pueden estar producidos en la habitación contigua o simplemente por azar, sin que sea posible determinar con certeza si ello corresponde o no a la voluntad de un espíritu para dialogar. Este mismo inconveniente se presenta también con la tiptología interna. Aplicando la mano o la oreja en el objeto del que provienen los golpes, se percibe una especie de vibración de la materia. Pero también en estos casos es fácil equivocarse en cuanto a su causa o su procedencia.

Existe un medio de comunicación mucho más elaborado y más completo: consiste en atribuir a cada letra del alfabeto un número acordado de golpes. Este método se llama *tiptología alfabética*. Las respuestas se obtienen en forma de palabras o frases enteras. Gracias a este sistema, que, no obstante, no elimina el problema de la lentitud en las comunicaciones (en general es necesario proceder a varias sesiones consecutivas antes de poder llevar a cabo un diálogo), ni tan siquiera los observadores más escépticos pueden quedarse con dudas. Los ruidos pueden deberse al azar o ser engañosos, pero una comunicación alfabética, sea cual sea el medio por el cual se ha obtenido, revela inequívocamente la intervención de un ser inteligente. Para remediar el inconveniente de la lentitud, pueden adoptarse varias medidas para abreviar y facilitar la comunicación. Por ejemplo, sabiendo las primeras letras de una palabra a veces puede adivinarse fácilmente el resto. Entonces, sólo hay que interrumpir al espíritu palpitante y preguntarle si la palabra adivinada es correcta. Igualmente, sabiendo las primeras palabras de una frase puede deducirse el resto.

Al determinar el número de golpes que corresponde a los diferentes signos del alfabeto, también pueden asimilarse algunas letras con la misma cantidad de golpes (v, w; i, y; s, z; g, j; etc.), ya que las palabras que contengan estas letras serán comprensibles.

La comunicación alfabética puede obtenerse tanto por el movimiento como por la tiptología interna. En general, es aconsejable utilizar el primer sistema, sobre todo para las comunicaciones que exigen la máxima seriedad. Se ha observado que los médiums particularmente hábiles para obtener comunicaciones por medio de golpes producidos por objetos en movimiento siempre han sido más numerosos y más eficaces, en comparación con los especializados en tiptología interna.

Entre los espíritus también pueden observarse diferencias de este tipo: un espíritu que provoca golpes en el interior de un objeto pertenece generalmente a la categoría de espíritus perturbadores, que en la escala espírita son espíritus inferiores, ligeros y propensos a causar problemas y confusiones.

Los espíritus más serios prefieren el sistema del movimiento; en cuanto a los espíritus sabios y de nivel superior, se comunican preferentemente por medio de la tiptología simple o la alfabética, pero únicamente cuando no les resulta posible utilizar la escritura. La escritura es el medio de comunicación que prefieren por su rapidez y su precisión. Pero antes de ver más en detalle los principios de la comunicación escrita, sin salirse del ámbito de las comunicaciones más elementales, todavía queda por responder a una pregunta importante.

Cómo se producen los golpes y los movimientos

Con la ayuda de su propio periespíritu y por la asimilación de la corriente fluida que emana del periespíritu del médium, los espíritus pueden actuar en la materia inerte y producir todo tipo de ruidos y movimientos.

No se insistirá más en este principio formulado por Allan Kardec, que explica todos los fenómenos espiritistas y cuyo desarrollo ha permitido establecer los cimientos de la ciencia espiritista. La atención se centrará ahora en el aspecto práctico y experimental de las relaciones con el mundo invisible, o dicho de otro modo, en la manera en la que el médium y los participantes en la sesión actúan para obtener las comunicaciones con los espíritus.

Apoyando las yemas de los dedos en un objeto que, por sus características, es susceptible de moverse con facilidad y concentrando en él la voluntad y el pensamiento, puede lograrse que se desplace. Al principio, el objeto se desplaza lentamente pero, a continuación, adquiere velocidad. Con indicaciones verbales o formuladas mentalmente sin pronunciar una sola palabra, se logra dirigir sus desplazamientos: rotación hacia la izquierda o hacia la derecha. Una vez la asimilación de los fluidos entre la persona y el cuerpo en movimiento ha tenido lugar, el objeto obedece con la simple acción del pensamiento, sin que el contacto de los dedos sea necesario. Si el objeto utilizado no es muy pesado, por ejemplo un lápiz, un vaso, etc., incluso una sola persona puede obtener este efecto sin dificultad. Por el contrario, cuando se emplea un objeto más pesado, como una mesa, hace falta la intervención de varias personas para formar una cadena de fluidos que aumenten la fuerza.

Existen personas dotadas de una potencia mental tan acentuada que pueden hacer mover cualquier objeto al cabo de unos segundos de concentración; otras, en cambio, tienen que renunciar después de muchos esfuerzos, sin haber obtenido el más mínimo resultado. En estos fenómenos, la fuerza física del individuo no tiene ninguna importancia; al contrario, en la práctica puede verse que a menudo las personas débiles y delicadas lo consiguen más fácilmente. Un médium con buenas facultades puede llegar a mover un objeto de peso.

Cuando la sesión consta de un médium y varios participantes, el número y la disposición de estos últimos son completamente indiferentes cuando forman la cadena espírita. Es suficiente con que se coloquen alrededor de la mesa y apoyen los dedos en el borde, como si se tratara del teclado de un piano. Lo más difícil de obtener, en este caso, es que todos los participantes mantengan el pensamiento perfectamente concentrado en la mesa y sobre el efecto o el movimiento deseados. Puede lograrse en unos minutos solamente pero la mayor parte de las veces hace falta insistir durante más de una hora. Si después de este periodo de tiempo no se observa ningún movimiento o ruido, es aconsejable suspender la sesión.

Una vez se ha conseguido provocar un movimiento enérgico y decidido, el contacto de las manos ya no es indispensable. Los participantes se alejan de la mesa y esta se mueve sola y se desplaza en la dirección deseada. El número de participantes multiplica la fuerza del fluido del médium y con una buena concentración pueden obtenerse efectos espectaculares: la mesa puede permanecer en equilibrio sobre una sola pata, moverse, balancearse y levantarse del suelo. Los objetos que pueda haber encima de la mesa no corren ningún peligro: por violentos e intensos que puedan ser los movimientos, no caen jamás al suelo, ni tan siquiera si la mesa se inclina completamente de lado.

Cuando la mesa se mueve, se levanta, se desplaza, no es porque el espíritu lo provoque físicamente: al asimilar su propio fluido con el de los participantes, utiliza esta corriente magnética para envolver la mesa con un halo fluido semimaterial que neutraliza la ley de la gravedad. Con esta misma corriente fluida, impone el movimiento a la mesa (o a cualquier otro objeto) o, concentrándola en un punto determinado, externo o interno, provoca los golpes o ruidos en respuesta a lo que se le pregunta.

Con los movimientos también puede entrarse en comunicación con los espíritus: para hacerlo sólo hay que indicar siempre la dirección en la que el objeto tiene que desplazarse según si tiene que responder afirmativa o negativamente. Mientras que para producir un simple efecto de movimiento no es necesario invocar a un espíritu, para establecer una comunicación por el sistema de golpes sí es necesario recurrir a un espíritu determinado. Si este último se manifiesta, responderá según los deseos expresados oralmente o mentalmente por quienes lo han llamado.

Ciertas personas pueden ejercer un influjo contrario, negativo, incluso sin darse cuenta. En estas condiciones, los efectos se obtienen con mucha dificultad y, en muchos casos, ni tan siquiera se producen. Por lo general, la concentración y el silencio sólo son posibles con pocas personas, ya que en grupos numerosos son más difíciles de obtener. Para favorecer y facilitar el estado de concentración de los participantes, es muy importante que nadie deje ni un instante de considerar el objeto que se mueve o que emite golpes como un simple instrumento. Jamás, en ningún caso, habrá que considerarlo como un objeto de veneración.

Escritura de los espíritus

Las comunicaciones por medio de golpes y movimientos son lentas e incompletas. Los golpes y otras manifestaciones elementales tienen casi siempre el objetivo de llamar la atención de los vivos o afirmar la presencia de un espíritu que responde a la invocación, aunque frecuentemente se han utilizado como sistemas de comunicación. Con el perfeccionamiento de la *escritura automática de los espíritus* actualmente se dispone de un método mucho más práctico y eficaz, que hace posible comunicaciones más completas con el mundo invisible.

Además, la escritura es una facultad que se observa muy a menudo en los médiums más hábiles en la transmisión y la recepción de los mensajes.

Al principio, para obtener comunicaciones escritas, se usaban pequeños objetos que servían de soporte a un lápiz (cestas pequeñas, trípodes, etc.). El médium y los participantes de la sesión concentraban su pensamiento en el objeto y, gracias al movimiento obtenido, el lápiz escribía en la hoja. Más tarde se demostró que estos instrumentos tenían un papel secundario. Entonces se comprendió que todo habría sido más simple y eficaz si el médium hubiese podido escribir él mismo directamente, sin contar que, de esta manera, las comunicaciones recibidas del más allá pueden agruparse y clasificarse para servir de materia de estudio a las personas interesadas en investigar y profundizar en la ciencia espiritista.

Cómo obtener la escritura indirecta
El primer método aplicado para obtener la escritura consistía en la utilización de una pequeña cesta a la que se le fijaba un lápiz. Este sistema se basa en la facultad que poseen algunas personas de imprimir un movimiento a un objeto cualquiera. Este método fue sugerido a los médiums por parte de los propios espíritus.

Se toma una cesta o un cuenco pequeño de quince centímetros de diámetro aproximadamente. Puede ser de madera, de mimbre o de cualquier otro material. Se atraviesa el fondo con un lápiz, de manera que la punta sobresalga por debajo, y se fija sólidamente. Apoyando la punta del lápiz en una hoja de papel, debe quedar todo en equilibrio al posar los dedos en el borde de la cesta. Es esta la posición que el médium y quienes participan en la sesión deben tomar para utilizar convenientemente este instrumento. Cuando se consigue poner la cesta en movimiento, el lápiz se desplaza y traza en la hoja varias líneas y letras sin significado. Si se evoca a un espíritu y este acepta comunicarse con los participantes de la sesión, indicará su propia voluntad, respondiendo no con simples «sí» o «no», sino formulando frases y palabras completas. Al comunicar respuestas de una cierta longitud, el espíritu no separa las palabras y, a veces, puede ocurrir que los rasgos no sean perfectamente legibles. En general, el lápiz no cambia de línea cuando el papel se acaba, sino que continúa escribiendo en redondo, formando una espiral. Por tanto, para leer lo que se ha escrito, habrá que hacer girar la hoja. El tipo de instrumento utilizado para obtener comunicaciones escritas (escritura indirecta o *psicografía indirecta*) no importa porque no es más que un simple intermediario. Esto está confirmado por el hecho de que actualmente la comunicación directa con el lápiz en la mano (escritura directa o *psicografía directa*) está mucho más extendida. Muchas personas sustituyen la cestita por una especie de embudo pequeño y hacen pasar el lápiz a través del orificio.

Algunos médiums adaptan estos ingeniosos instrumentos a sus propias exigencias y les aportan algunas modificaciones personales.

Los mensajes recibidos por este sistema son mucho más legibles: las palabras se forman por separado y el lápiz retorna al inicio de la línea cada vez que llega al final de la hoja, es decir, no escribe en redondo sino siguiendo líneas rectas, exactamente igual como hacen los humanos.

Escritura directa

La psicografía directa es la escritura que se obtiene cuando el médium escribe con su propia mano. Este es, una vez más, el intermediario que recibe el influjo del espíritu y que dirige mecánicamente su mano, la mayor parte de las veces sin tan siquiera tener consciencia de lo que está escribiendo. Dado que el médium escribe gracias al proceso de asimilación del fluido que permite a los seres invisibles manifestarse a los vivos, para lograr que un espíritu se presente es necesario evocarlo con el pensamiento. No existe ninguna fórmula ritual para evocar a los espíritus: *se trata de un acto íntimo que se lleva a cabo con el pensamiento, con la firme intención de perseverar pacientemente y permaneciendo en un estado de recogimiento.*

Además de la evocación, es importante que haya también una cierta afinidad, o algún grado de simpatía, entre el ser invisible, el médium y los participantes en la sesión. Mientras no se haya establecido una relación asidua con un espíritu determinado, es preferible, por lo menos las primeras veces, evocar a un pariente o un amigo, que, si tiene la posibilidad de hacerlo, acudirá sin dudar. Pero algunas veces ocurre que el espíritu que responde a la evocación no es capaz de presentarse o no posee la fuerza necesaria para provocar la escritura. Así, cada vez que se formula una evocación, es mejor dirigirse igualmente a un espíritu familiar que está siempre al lado de una persona o de una familia y que responde inmediatamente.

El espíritu familiar también se manifiesta espontáneamente para advertir de un peligro o para alejarnos del error. Para recibir comunicaciones escritas, el proceso mecánico que debe prepararse es muy elemental. Se toma una hoja de papel y un lápiz y se adopta la posición habitual para escribir. Cuando el espíritu llega, el médium nota un escalofrío en el brazo y la mano.

Al principio sólo se obtienen trazos y líneas sin sentido. Al empezar a escribir la respuesta, algunos espíritus hacen describir a la mano del médium varios movimientos, para flexibilizarla y establecer un primer contacto.

Para recibir los mensajes, el médium debe evitar cualquier posición o cualquier objeto que pueda frenar o interferir el movimiento de la mano. Es preferible que ni la mano ni el brazo estén completamente apoyados sobre el papel o la mesa. El lápiz, en cambio, debe apoyarse con suficiente fuerza para permitir la escritura, pero sin llegar a oponer resistencia al movimiento.

Con un médium que posea bastante experiencia, los espíritus pueden transmitir mensajes o pensamientos de modo espontáneo. También se dan casos en los que el espíritu induce al médium a coger una hoja de papel y un lápiz y le «dicta» el mensaje en el momento más inesperado.

Durante el aprendizaje, tanto el espíritu como el médium deben superar algunas dificultades antes de poder establecer una corriente fluida de comunicación. Para simplificar este contacto inicial conviene formular mentalmente una pregunta a la cual pueda responderse de manera concisa, a ser posible simplemente con un «sí» o un «no».

Normalmente la escritura es perfectamente legible y clara; las palabras están bien separadas unas de otras. Las letras son suficientemente grandes y, pese a que las frases suelen ser cortas, a veces se llegan a escribir varias páginas. Algunos médiums obtienen textos más difíciles de descifrar, pero su interpretación es relativamente sencilla. Cuando se encuentra una palabra o una frase difíciles de leer, debe pedírsele al espíritu que la vuelva a escribir. Al final de la comunicación, cuando este ha transmitido todo lo que quería decir, la mano se detiene y permanece inmóvil sobre el papel, y el médium no logra obtener ni una palabra más. Esto también se produce cuando el espíritu no desea responder a una pregunta particular. Y, al contrario, otras veces el espíritu quiere prolongar su mensaje a pesar de que el médium y los participantes hayan decidido concluir la transmisión; entonces, la mano del médium continúa escribiendo sin que este pueda detenerla.

El médium psicógrafo posee una facultad excepcional que le da el privilegio de servir de intermediario entre el mundo de los vivos y el de los espíritus. Al principio, para desarrollar sus facultades, tiene que estar dispuesto a pasar por un periodo de aprendizaje durante el cual la paciencia y la constancia son los ingredientes principales. Este proceso puede acelerarse si se tiene la posibilidad de contar con la ayuda de un médium ya formado que enseñe cómo se apoya la mano, cómo se sujeta el lápiz, etc. En estas condiciones, la mano del principiante se convierte en el apéndice de la mano del médium experto y, en realidad, sigue siendo este último quien recibe los mensajes de los espíritus. A veces, esta ayuda sólo se logra poniendo la mano en el hombro del médium experto o también con la única acción de la voluntad.

Como esto se produce para las comunicaciones orales de los espíritus, que pueden obtenerse con la intermediación del médium parlante (*psicofonía*) o sin su intervención (voz directa o *pneumatofonía*), la *escritura directa de los espíritus* puede tener lugar, en distintos casos, sin la intervención de la mano del médium psicógrafo.

La escritura directa de los espíritus se llama *pneumatografía*. Se coloca la hoja de papel y el lápiz sobre la tumba o bajo la estatua o el retrato de un personaje y, al cabo de unas horas, aparecerá en la hoja un nombre, un breve mensaje o algún otro signo de reconocimiento. Estas comunicaciones son sin duda alguna los fenómenos más extraordinarios del espiritismo, pero no pueden sustituir a la escritura directa cuando se trata de dialogar con los seres invisibles y desarrollar argumentos de una cierta amplitud.

Por otro lado, los médiums psicógrafos son bastante numerosos en los círculos espiritistas, pero los fenómenos de pneumatología se logran solamente en casos excepcionales.

Para aquellos que deseen realizar algún experimento de mensajes pneumatográficos, hay que recordar que la evocación por el pensamiento es indispensable, así como la voluntad de ser escuchado por los espíritus, que sólo se manifiestan a quien lleva buenas intenciones, es decir, cuando se les pide ayuda, cuando se quiere aprender a perfeccionarse. Las fotografías de los seres queridos, la tumba con los restos mortales y la estatua que representa a la persona son medios para facilitar la evocación. Pueden conseguirse los mismos resultados metiendo una hoja de papel en una caja, con o sin lápiz, y colocando dicho objeto en el local en donde tiene lugar la sesión. A continuación, deberá evocarse al espíritu y esperar el tiempo necesario para que el resultado esperado se produzca.

Reuniones espiritistas

El espiritismo es una práctica difícil que comporta diferentes obstáculos. Para entrar en contacto con los espíritus es necesario conocer, en primer lugar, la doctrina espiritista formulada por Allan Kardec, por lo menos en sus aspectos esenciales, como la naturaleza de los espíritus, las cualidades y las características de los médiums, etc. Es indispensable no desatender los fundamentos teóricos de la ciencia espiritista y ejercitarse en varias prácticas espíritas para familiarizarse con el procedimiento más adecuado para alcanzar los objetivos fijados.

No pueden sugerirse fórmulas rituales o métodos infalibles para superar las posibles dificultades, ya que estas son diferentes según las personas, los lugares, las circunstancias y los objetivos. El mejor camino para un principiante, tanto si es un médium que está descubriendo y experimentando sus facultades como si es un simple espectador preocupado por los problemas relacionados con el mundo espiritual del más allá, pasa por frecuentar grupos o círculos espiritistas ya formados.

En las últimas páginas de esta obra se han recogido las indicaciones que dio Allan Kardec en referencia a las etapas que deben seguirse para lograr un buen desarrollo de las sesiones, para las evocaciones de los espíritus y para las preguntas que pueden formularse y las respuestas que pueden recibirse del más allá.

Siguiendo una vez más la línea del genio inspirado y prudente del gran maestro de esta doctrina, no se ha querido proporcionar una guía universal para formar médiums y espíritus, sino solamente dar algunas precisiones suplementarias a quienes tengan la intención de conocer mejor el mundo del espiritismo.

Reuniones frívolas y sesiones serias
Los espíritus se presentan cuando notan un sentimiento de simpatía y afinidad con las personas reunidas. Los espíritus superiores, por su parte, sólo se manifiestan cuando encuentran un grupo de personas deseosas de recibir sus enseñanzas y dispuestas a seguir sus consejos. Las reuniones de carácter frívolo y las sesiones cuyo único fin es la diversión son casi siempre ignoradas por los seres invisibles.

Para que sea provechosa, una sesión espiritista debe ser dirigida de un modo digno y respetuoso, en un clima de recogimiento y fervor casi religioso. Esta actitud es primordial. Los espíritus que se manifiestan en las sesiones frívolas y ligeras son espíritus inferiores cuya única intención es molestar y divertirse a costa de los participantes. Los mensajes que transmiten estos espíritus se corresponden raramente a la verdad y no merecen ser tomados en consideración. Estas reuniones dan pie a graves errores, porque muchos acaban creyendo firmemente en lo que no es otra cosa que una broma de un espíritu farsante. A veces, se organizan sesiones espectaculares, con el propósito de ofrecer una experiencia original a personas escépticas que niegan rotundamente la realidad de los fenómenos espiritistas.

Sin embargo, lo que tiene que convencer a un incrédulo debe ser más bien las revelaciones de contenido elevado transmitidas por los seres por los que ha tenido afección y por los espíritus más meritorios y no estos números de funambulismo organizados con mesas danzantes, entre las exclamaciones de participantes que se comportan exactamente como si asistieran al espectáculo de un circo.

Lugar y clima propicios para una sesión de espiritismo
La sala en donde se desarrolla la sesión espiritista no debe cumplir ningún requisito particular; sólo hace falta que pueda lograrse con facilidad un clima de silencio y recogimiento. Los lugares lúgubres, voluntariamente impresionantes, pueden estimular la imaginación de los participantes, pero no tienen la menor influencia en los espíritus. Los buenos espíritus se manifiestan a las personas que los invocan con buenas intenciones, independientemente del lugar que hayan elegido, ya sea la casa más humilde, ya los suntuosos salones de un palacio. Los espiritistas que recomiendan crear una atmósfera de ultratumba están aún demasiado influenciados por las ideas

que se forman los vivos acerca del más allá o simplemente tienen ganas de divertirse un poco a costa de los ingenuos. Para los espíritus más evolucionados, el pensamiento es lo que más importa, mientras que la materia y las formas exteriores no cuentan absolutamente para nada.

Para que se produzcan ciertos efectos físicos, y más en concreto los fenómenos de la materialización y la aparición, es preciso que la habitación se encuentre en penumbra. Esta obligación puede despertar sospechas, pero en realidad es fácil de entender si pensamos en la analogía que tiene con los fenómenos químicos que hacen posible la fotografía. En primer lugar, en el caso de una aparición apenas perceptible, si la sala estuviera iluminada la visibilidad de la imagen del ectoplasma sería imposible. Además, igual que también ocurre con las emulsiones sensibles de las películas fotográficas, que, con la influencia del fluido luminoso, sufren transformaciones y alteraciones, la combinación de los fluidos de los periespíritus del médium y del espíritu también es sensible a la luz. A todo ello hay que añadirle que la penumbra facilita la concentración del médium y de las personas que participan en la sesión. Por esta razón hay médiums que prefieren actuar en la «habitación oscura»: en un rincón de la habitación se instala una barra en diagonal, a la que se fijan cortinas oscuras, de manera que se aísla esta zona del resto de la sala. El médium y el hipnotizador, si es necesario, se quedan en este rincón, mientras que los demás participantes se instalan en el resto de la habitación y se dan la mano para formar la cadena espírita.

Al ser indiferente el lugar en donde se celebran las reuniones, una vez se ha elegido uno y se ha utilizado durante un cierto tiempo, es preferible no cambiarlo. En efecto, en la sala en donde se han celebrado las sesiones, los fluidos de los espíritus irradian una especie de «atmósfera espiritual» con la que los seres descarnados se identifican.

A la larga, un local destinado exclusivamente a las prácticas espiritistas se convierte en un verdadero santuario en donde los espíritus inferiores no encuentran el clima moral que buscan para divertirse y provocar a los vivos.

¿Hay unos días y unas horas propicias para las evocaciones?
Hay personas convencidas de que, durante ciertas horas del día o en ciertos días de la semana, los espíritus son más proclives a comunicarse con los mortales.

El espiritismo racional y científico niega rotundamente estas creencias. No sólo el lugar, el día y el momento en que se evoca a los espíritus no tienen ninguna importancia, sino que incluso se aconseja a los adeptos que elijan las horas del día que más les convengan, cuando sus ocupaciones les permitan tener un momento de tranquilidad y cuando no haya riesgo de ser interrumpidos, ya que esto puede perturbar sus reflexiones espirituales.

Contrariamente a lo que prescribían casi todos los tratados de magia y de brujería, no hay días ni horas cabalísticas para evocar a los espíritus. Si se recibe una comunicación de un espíritu determinado en la que este sugiere unos momentos para la evocación, debe atribuirse el mensaje a un espíritu embaucador. Sin embargo, del mismo modo que se acostumbran al medio en donde se les evoca, los espíritus prefieren saber que tienen regularmente «una cita» con los vivos a una hora y un día preestablecidos. En efecto, la práctica muestra que los espíritus son muy puntuales y que quieren recibir una explicación cuando una sesión se retrasa o se adelanta arbitrariamente. Por consiguiente, para obtener buenas comunicaciones, es preferible fijar unas normas y acatarlas escrupulosamente, manteniendo las sesiones a unas horas y unos días fijados por adelantado.

Número de participantes en la sesión de espiritismo

Para obtener la atención de los espíritus, es indispensable crear un clima de fervor que atraiga a los seres descarnados. De ahí que cuanto menor sea el número de participantes, más fácil resulta obtener una homogeneidad y una comunicación espiritual de calidad.

Las comunicaciones de nivel elevado se logran siempre en sesiones en las que hay pocos participantes y raramente cuando hay muchos. Es evidente, no obstante, que los espíritus preferirán manifestarse a un grupo importante que haya sabido crear una atmósfera de recogimiento y concentración antes que a unas personas distraídas o poco respetuosas. En una sesión de espiritismo existen tres elementos que influyen unos en otros y que, conjuntamente, determinan el valor y el carácter de las comunicaciones que se reciben de los espíritus:

— en primer lugar, el conjunto de los participantes que pueden atraer a un espíritu más que a otro;

— en segundo lugar, la personalidad del médium, que determina la naturaleza del espíritu que se manifiesta y que, como ya se ha visto, puede estar especializado en ciertos tipos de manifestaciones;
— finalmente, la persona que le formula las preguntas al espíritu y que dirige la sesión.

La presencia de un participante que sea extremadamente escéptico o de personas débiles, que captan sin darse cuenta una parte de la energía periespiritual puesta en común por los participantes, puede resultar un serio obstáculo mental capaz de comprometer los resultados de la sesión. Por esta razón, las reservas y la prudencia nunca son excesivas en lo que se refiere a la admisión de nuevos miembros en el seno de un grupo ya constituido y homogéneo.

Cómo se evocan los espíritus

Aunque en la práctica suelen emplearse indistintamente los términos *evocar* e *invocar*, al hablar de la llamada hecha por una asamblea espiritista a los seres del más allá, en realidad no son sinónimos. Se evoca a las almas de los difuntos, pero se invoca a Dios (o a los santos) para que respondan a nuestras súplicas. Es decir, en la invocación se pide ayuda espiritual al ser, sin implicación de un desplazamiento en el espacio, mientras que en la evocación se solicita al ser evocado que se presente al lugar de donde parte dicha demanda.

Para evocar a los espíritus no existe ninguna fórmula preestablecida. Es suficiente con formular un deseo mental o una imploración mental, invocando el nombre de Dios en los términos siguientes (o similares): «Te ruego, Señor Todopoderoso, que permitas al espíritu de ... ponerse en comunicación con nosotros.» O: «En nombre de Dios, ruego al espíritu de ... que se ponga en comunicación con nosotros; esperamos su llegada», etc.

Cuando el espíritu evocado puede y quiere presentarse, se manifiesta de manera concisa, respondiendo «Sí», «Estoy aquí» o también «¿Qué queréis?». Cada vez que se pide la presencia de un espíritu por vez primera, y este último no da ningún signo de que vaya a manifestarse, puede evocarse, o invocar, al espíritu familiar del médium o de aquel que interroga, o incluso al de uno de los participantes. Este espíritu servirá de mensajero, de intermediario entre los participantes en la sesión de espiritismo y el espíritu evocado.

Las personas que no conocen ni la naturaleza de los espíritus ni el carácter de las relaciones que pueden instaurarse entre los mortales y los seres invisibles gracias a la doctrina espiritista, creen que las evocaciones de espíritus consisten en hacer aparecer a los difuntos en una atmósfera de ultratumba. Asimismo, en las obras de algunos detractores malintencionados, se presentan comunicaciones con los espíritus acompañadas de prácticas absurdas y a veces totalmente ridículas, realizadas por nigromantes y brujos.

El espiritismo, como destaca Allan Kardec en sus páginas más inspiradas, nunca se ha propuesto realizar milagros ni convencer a los escépticos con escenificaciones de magia medieval. Cuando el cuerpo mortal del hombre reposa en su tumba, permanece allí definitivamente. Su espíritu, el ser espiritual (o el conjunto alma y periespíritu) se separa de él en el momento de la muerte y vuelve al universo espiritual, a un nivel mucho más elevado que el de la materia. El espiritismo nunca ha tenido la pretensión de hacer resucitar a un cadáver.

Ni tan siquiera el nombre de Dios, con el cual se aconseja empezar la evocación, es indispensable: quienes lo consideran como una simple fórmula pueden abstenerse de mencionarlo.

Lo importante es la disposición del alma y la actitud moral de recogimiento. Para acentuar el clima de fervor, los participantes en la sesión de espiritismo pueden darse la mano para formar la cadena espiritista y entonar un canto de inspiración religiosa, acompañándose, o no, con instrumentos musicales.

En todo grupo de espiritistas reunidos en sesión suele haber espíritus *habituales*, que son los espíritus familiares de los participantes o los espíritus que se manifiestan más frecuentemente para transmitir sus mensajes o para ser preguntados. Su presencia se logra sin necesidad de esperar mucho rato después de haberlos invocado.

Pero también puede invocarse a cualquier espíritu, independientemente del grado que ocupe en la escala espírita: esto no significa necesariamente que se presente a nuestra llamada, ya que existen muchos motivos que pueden impedir su presencia y que nosotros, los mortales, no siempre podemos entender o saber.

Mensajes y comunicaciones de los espíritus

Las comunicaciones de los espíritus, tanto si son espontáneas como si responden a las preguntas hechas en las sesiones de espiritismo, no tienen que tomarse nunca al pie de la letra. Pueden ser verdaderas o falsas, elevadas o embaucadoras y vulgares; en definitiva, buenas o malas, según el espíritu que se esté manifestando. Las comunicaciones honestas provienen de un espíritu que se ha perfeccionado en su evolución moral, y al contrario, las ligeras, confusas o burlonas deben atribuirse a espíritus poco evolucionados.

Puede reconocerse fácilmente el tipo o la categoría de un espíritu a partir del lenguaje que emplea en sus mensajes. El lenguaje de los espíritus más elevados es digno y noble, lleno de sabiduría y de bondad; transpira la modestia y los buenos sentimientos. Los espíritus ignorantes y orgullosos intentan paliar su falta de conocimientos con respuestas largas y evasivas. Los pensamientos contrarios a la moral, las expresiones vulgares o simplemente frívolas son un signo seguro de la inferioridad del espíritu.

Los espíritus no pueden expresarse acerca de temas que no conocen y, en general, no les está permitido expresar su propia opinión, ya que esta depende lógicamente de su grado de conocimiento y de la categoría moral a la que pertenecen.

Un espíritu prudente no dudará en confesar su ignorancia, antes que dar respuestas al azar; uno ligero, en cambio, es capaz de defender sus ideas como si fueran verdades absolutas. A veces pueden observarse importantes contradicciones en las comunicaciones provenientes de un mismo espíritu. En este caso, es seguro que uno está ante espíritus inferiores, ya que estos son los únicos que dan respuestas falsas, y su orgullo les impide confesar su ignorancia acerca de un tema determinado. Durante las sesiones de espiritismo, los participantes pueden plantear a los espíritus todo tipo de preguntas, pero evidentemente los espíritus superiores sólo responderán a las que se realicen con el propósito de tener nuevos conocimientos. Para obtener respuestas a las preguntas tontas o impertinentes, hay que esperar que se manifiesten los espíritus del nivel más bajo de la escala espírita.

Si se evoca al espíritu de una persona difunta hace poco tiempo o de un familiar o un amigo muy conocido por los presentes, las revelaciones íntimas del ser invisible permitirán identificar al espíritu que responde. Este tipo de comunicaciones con los seres queridos es el objeto de sesiones de espiritismo organizadas por amigos y parientes que buscan un consuelo. Existen círculos espiritistas de ambiciones más elevadas que buscan obtener un conocimiento mayor de la vida futura y del destino de las almas en el más allá.

Normalmente en todos los círculos y grupos espiritistas existe una honradez crítica digna de elogios que lleva a examinar y analizar minuciosamente todas las comunicaciones obtenidas. Si algunos detalles están en contradicción con lo que la doctrina enseña, el mensaje se descarta o se procede a preguntar de nuevo al espíritu para que aporte a su comunicación posibles correcciones o bien para desenmascarar a un posible espíritu embaucador.

Los buenos médiums y los espíritus honestos nunca rechazan someterse a este tipo de prueba, sino todo lo contrario. En algunos casos, el control de los mensajes es una tarea difícil y laboriosa, pero resulta absolutamente indispensable.

www.ingramcontent.com/pod-product-compliance
Lightning Source LLC
Chambersburg PA
CBHW070627050426
42450CB00011B/3135